寻找你的提案。

(PRO——POSER)

编著
TOPYS

提案者

广西师范大学出版社
·桂林·

TOPYS 策划团队

总策划：黄永敏　罗薇

文案：董瑶　卢瑛婷　毛依文　魏含颖

执行策划：梁梦绯

序｜提案，之外

编辑部每次采访回来，第一时间聊的往往都是"八卦"：谁总在快乐地哼歌；谁因为演讲 PPT 调试出问题发火；谁在酒店入住时就开始琢磨那椅子是不是孟菲斯风格的。

十几年来，对于采访过的百余位国际创意领域专家，我们往往以"大师"简单概括，但回想起来，真正能代表他们，也真正影响我们，甚至带来"决定性瞬间"的，往往都在小处。

去探访 SDL 的工作室，斯德哥尔摩难得的太阳光透过玻璃天花板洒下来，正在工作的设计师偶尔抬头冲你微笑，你会不自觉地也绽放出一个比约恩·库索夫斯基（Björn Kusoffsky）刚刚分享的设计原则里强调的"笑容"（smile）；当佐藤卓在演讲前为每个听众派发他的作品之一——乐天口香糖时，你对他说的"设计是服务客户的"就有了最直观的理解；总是画着温和的带着些笑意的小人儿的 Noritake，会因为一张图被误用而气得几乎"原地爆炸"；阿原每次说到重要的观点时，就会拿起一张 A4 纸，把关键字一笔一画认真地写下来分享。

采访中呈现的设计哲学和方法论，无疑都是这些大师精心准备的提案，但同时我们也努力捕捉"案"外的各种细节。本书包括两种文稿形式：直接的问答里包含最真实的细枝末节，一个迟疑，或者一个微笑，里面都隐藏着信息；采访则试图把我们看到的，和访谈也许有关，也许无关，但最终有关的一切呈现出来，作为你不可或缺的阅读背景。

一个"演员"的提案是一场正式演出，提案之外才是这位"演员"真正的样子。提案是精心准备的完美作业，提案之外则是出其不意却又直达心意的内容。喜欢吃鸡蛋一定要认识母鸡吗？在这里倒未必。毕竟，蛋和鸡的关系，一直是待解之谜。

TOPYS 编辑部

ADK 大中华区首席创意长　游明仁 ————————————————

人的一生都在提案，向心仪对象提案，向父母师长提案，向上司下属提案，
向客户网民提案……
这些提案的"过与不过"成就了每个人无限可能的人生。

对我来说，任何提案先过得了自己，才过得了别人。
强烈推荐大家从《提案者》里探索每个故事的源头——主人公对自己做过什
么提案，才有如此不同的人生？

日本艺术家　铃木康广 ————————————————

越重要的事物，就离我们越近，在我们的日常生活中也越容易被忽视。所以，
重新设计你头脑中的"垃圾箱"是必要的，那样你就不会轻易丢弃你脑海中
的任何思绪。让你感觉无用的事物中，可能潜藏着意想不到的功能。拥有这
种感觉，是迈向"提案者"的第一步。

CONTENTS

目录

(PRO

POSER)

创意设计提案者

一切都可以是设计，一切也都可以再设计。设计对世界的改变可以是直白和显而易见的，如一个凳子、一个酱油瓶，也可以是润物无声的，如一种重新看待一切的思维模式。我们聚集了这些创意界的探索者，分享他们设计背后的思考，以及更重要的，他们如何保持用设计改变世界的热情。

DesignStudio

DesignStudio 由设计师本·赖特（Ben Wright）和保罗·斯塔福德（Paul Stafford）于 2009 年创立，是一家国际性品牌设计工作室，在伦敦和旧金山设有办事处。其客户包括爱彼迎、英超联赛、欧冠、推特和 Deliveroo（英国的一个美食外卖服务平台）等。

"比起听别人说你该做什么，不如做你觉得对的事情。"这是 DesignStudio 成立十多年来，保罗·斯塔福德最深的感受。他们的作品总是有着恰到好处的独特与沉稳，就像保罗聊天时给我们的感觉一样。

想要知道小工作室如何与大客户打交道？不如先看看这份关于互联网品牌重塑的提案。

设计不只关乎美学，更是一种商业工具

说 DesignStudio 是一家品牌设计工作室，倒不如说它是一位行业补缺者。

2009 年，同是设计师的本 · 赖特和保罗 · 斯塔福德发现行业内缺失了某些东西：设计应该以策略性思维服务于商业，或是教给人们一些东西，而不只是赏心悦目就够了。于是两人一拍即合，一同创立了 DesignStudio。

先让我们通过两个小案例，看看以"为最优秀的品牌做出有意义的改变"为使命的 DesignStudio，如何通过实践不断调整、扩充自己的方法论。

Evernote

提起印象笔记，相信各位不会感到陌生，上课、开会、罗列购物清单或是制订旅行计划时，它都能派上用场。2018 年 6 月，与印象笔记正式分家的 Evernote 美国总部正逢成立十周年，他们希望重新定义品牌，使其能够更清晰地反映品牌如今的功能：帮助用户处理过多的信息，让他们更容易找到重点。Evernote 找到了 DesignStudio 来进行品牌战略与视觉识别系统的设计开发。

清新、活力、现代是这套视觉设计方案的三个关键词。美国有句谚语：大象永远不会忘记事情。这是 Evernote 最初所用标识的设计缘由。DesignStudio 通过对大象标识的广泛探索，从设计到解构，制作出了百余种形态。这个过程使他们更加确定：标识需要的是进化，而非革命性的改变。毕竟 Evernote 的用户与员工都已经对原标识产生很深厚的感情了。

其实仔细看新旧标识的对比，你会发现新标识更为柔和与平衡了。设计团队通过软化标识的边缘完善其几何结构，并增大了类似文档图标的耳朵的面积，以强调"记录"这个功能。同时，眼睛、鼻子的圆滑处理与颜色变化更突出了这只大象自信与祥和的精神状态。品牌名的衬线字体与颜色的更新似乎也更符合其作为书写工具的经典气质。

此外，配套的平面设计与视频以圆圈、加号、箭头、打钩、心形为基础元素，这五者分别代表软件中的团队协作、整合、潜力、成就与紧急事项，然后再与有营销功能的插图或者影像相结合。新的视觉设计通过图形组织不同的输入信息，大胆简洁地传达焦点创意，同时呼应了品牌重塑的出发点：让用户关注最重要的事情。

GetYourGuide

旅游体验预订平台 GetYourGuide 近年来增势显著，2017 年还获得了 7500

 →

万美元（约合人民币 4.9 亿元）的融资。品牌想要借助自我升级来巩固发展势头，同时增强自身与用户情感上的联结。

DesignStudio 接下这个项目后，派出一支团队前往世界各地完整地体验 GetYourGuide 的服务，深入了解其产品文化，并通过平台合作方与用户拿到第一手资料，最终得出结论：该品牌的使命是使旅行者的假期更特别。

而后，DesignStudio 使用策略性思维将创意主张凝练为"爱上你要去的地方"——旅行中时常有恼人的不确定因素出现，而 GetYourGuide 能利用自身丰富的经验与数据来为你策划更优质的旅行体验。解决该痛点的方案包括：加入旅程（Joining Journeys）、疗愈混乱（Curing Chaos）、寻求不可思议（Seeking Incredible）。

鉴于该平台制定的体验远不止于从 A 点到 B 点的这段旅程，DesignStudio 根据自身的经历为其创建了五种图标作为消费者的路线指南，分别为休息（Rest）、想象（Wonder）、发现（Discovery）、幸福（Happiness）与积极（Active）。

类似 Evernote 案例的处理方法，这五种图标被融入平面、视频甚至标识中，将以上三种解决方案诠释得淋漓尽致。配色的灵感则来自 GetYourGuide

的万千目的地，以缤纷多彩的界面暗喻度假时的美妙心情，同时用红色作为主色调来代表 GetYourGuide 的热情。

为了借助旅行的用户提高品牌的知名度与识别度，DesignStudio 还设计了行李箱贴纸、帆布袋、羽绒服等一系列周边产品。

DesignStudio

"

我们一直在努力定义客户到底是什么，

其主张是什么，其价值观是什么，

参与其中的设计师又代表着什么。

"

这些案例背后的工作室到底有什么稀奇？

聘用什么样的人在某种程度上决定着一家公司未来的样子，甚至可以说，比创造伟大的作品更重要的事是雇用优秀的人，因为这样才能形成一种良性循环：优秀的员工创造数一数二的产品、提供优质的服务，同时通过行为、政策与价值观的共同作用培养公司的企业文化。

在品牌设计行业的传统工作模式里，通常是策略团队与客户开完会后，将结论传达给设计团队。但在 DesignStudio，设计和策略并未分家。负责策略的人员需要理解和参与设计的工作，而设计师也要从策略的角度思考问题。他们之间会产生更多的工作交叉，因此不管合作初始是否顺利，整个团队在项目进行过程中都会和客户保持密切接触。

"我们一直在努力定义客户到底是什么，其主张是什么，其价值观是什么，参与其中的设计师又代表着什么。对整个团队来说，重要的是怎样理解构思创意，该用什么工具帮助策略实现。当我们进入设计部分时，也是如此。"

许多人只是想让一件事看起来很棒，他们对这件事能如何促进商业的成功并不感兴趣。"也许每一家成功企业都会说，一切取决于找到合适的人。而这正是我们真正纠结的地方，因为并没有多少人能够从美好的设计中理解策略设计的价值。"对于 DesignStudio 来说，他们所做的每一个决定都不是为了意义本身，而是为了服务于真正有意义的目的。

若是遵循一定的标准来招聘，你会发现 45 位拥有相似背景、做着漂亮作品的设计师聚在一起该是多么糟糕的事儿。他们做出来的作品大同小异，当把工作摊开讨论时也没有人会提出异议，因为他们连思考方式也如出一辙。所以，工作室开始按反向思维招聘，以保证团队成员的多样性。

> "我们不想要人们戴着耳机坐在那儿一整天只为了做些特别好看的设计，而希望他们积极地参与辩论，挑战彼此。"

在这里，你很难分得清谁是职场新人，谁是资深员工，谁又是老板，所有人都坐在一起，你也没法辨别谁是设计人员，谁是策略人员，谁是商务人员。保罗并没有单独的办公室。"把我自己放在四面墙中间再关上门，然后员工必须候着预约时间敲门才能进来见我，这不是我们想要的文化。我想这也是我们和传统机构不同的地方。"

2019 年是 DesignStudio 创立的第十个年头，但设计于他们而言，始终处于未完成状态，这是一种不断质疑自己、重新创造以实现更好结果的能量。（保罗表示还不知道该如何庆祝，但庆祝是必要的，是时候停下来看看，重新看待与反思过去的工作与成绩，然后忘记这些"令人惊奇"的部分。）

灵活而富有生气的员工管理体系正是这些成功案例的基石。

如何与大客户聊品牌重塑？

DesignStudio 的客户多是互联网公司，据保罗观察，这些科技品牌确实与传统品牌不一样，他们靠着来自硅谷或其他风投的资金支持，发展迅猛，冲劲十足，一进入便撼动了整个市场，甚至把竞争对手狠狠地甩在身后。

DesignStudio 也不似传统的品牌推广机构，他们想要争取的项目都必须具有挑战性。他们的点子大胆、新颖，渴望与雄心勃勃的公司合作，帮助他们推动品牌的革新，而这正好符合爱彼迎、Deliveroo 这类科技公司的需求，于是它们成了 DesignStudio 的第一批客户。

与此同时，传统品牌正在觉醒，它们意识到需要把精力更多地投入技术投资，要跟上科技品牌的步伐，以重新唤起自身与现代世界的共鸣。这也是传统品牌开始接连找到 DesignStudio 的原因。

"其实，我们也逐渐看到两者越来越多的相似之处。"这些品牌过去的目标受众是 20 岁左右的消费者，但 30 年过去了，品牌也和消费者一起变老了，现在这些消费者已经 50 岁了。但实现传统品牌的重塑，可不只有投资技术这一种手段。DesignStudio 要做的是重新建立品牌与消费者之间的联系，

而不仅仅是改变一个有点过时的标识。不论是 Evernote 的"让用户关注最重要的事情"，还是 GetYourGuide 的"爱上你要去的地方"，都是从用户角度出发，通过设计输出主体诉求，建立客群与品牌的联结。

"我们意识到，处在市场空白地带的 DesignStudio 正在打破一些规则，也在做一些不太寻常的改变。我们尝试着改变人们的行为，但不是通过简单粗暴的说教，而是通过户外广告，或者创造一些帮助教育人们的落地实验。我们会评估决定怎样才是做整件事的正确方式。"

DesignStudio 在合作中并非对客户唯命是从，他们有一定的决定权。那他们是如何说服客户的呢？

保罗表示，他们的办法可以归结为：让客户充分理解这是有意义的改变，而不是让自己作为表演者站在客户面前，希望通过魔法来说服客户改变想法。"我们要做的是，让我们的每个决定都有支撑。'有意义的改变'意味着：如果我们选择一种字体，我们需要阐述明白为什么它是正确的字体，为什么它能够与消费者产生联系，为什么它能够切实地帮助客户推广产品，而不仅是设计师喜欢它而已。这只是一个很小的例子，即使是在策略上，我们也需要说服客户相信这是正确的决定。"

英超联赛的品牌重塑就是很好的例子。DesignStudio 没有环顾四周研究其他的足球品牌怎么做，而是直接把英超联赛与其他同类品牌区别开来，让其向娱乐品牌的方向发展。为此，他们去调研了沉浸在声田（Spotify）与网飞（Netflix）世界里的消费者在做些什么，这能够作为工作室向客户提出"为什么我们可以这样做"的论据。DesignStudio 所做的每一个决定，其背后都有他们一路调研得来的论据支撑。

此外，保罗还透露了两个向客户提案的必杀技。一是摆正态度：把自己视为客户团队中的一员，将项目的未来视作自己与客户的共同责任。"我们有责任向品牌交付正确的东西，而非随便做做就直接进入下一个项目。"二是所有的工作准备，包括策略、调研与投入程度，都对决策起着重要作用，千万不能低估"用心"这件事。数据会支持很多决定，但情感与信念也同样重要，DesignStudio 正尝试在这两个方面取得良好的平衡。

DesignStudio 还会教客户撰写创意简报。写简报前，很多人总是上网搜罗模板，殊不知这样做的帮助十分有限，全部细节都非常死板。而 DesignStudio 团队会在深入了解客户的过程中和他们谈什么是需要做的，什么对他们有帮助，什么对他们没有帮助，为什么消费者喜欢这样的，为什么消费者不喜欢那样的。"所以更为理想的情况是，客户知道需要做出改变，带着不那么完善的创意简报来找我们，然后我们在第一阶段一起去搞清楚这份简报。"

在 DesignStudio 看来，品牌的重塑并非在几个月的项目中完成的。相反，项目的结束其实才是品牌重塑的开始——因为从那时起，品牌才开始用一种新的方式与这个世界对话。而这可能也将为工作室带来新的项目，因为他们会不断地以全新且令人兴奋的方式为客户提案。

> 保罗说："我想我们与客户的关系应该是双向的，我们从他们那儿学到的东西和他们获得的一样多。"

致此刻正年轻的设计师：未来会怎样？

很多生活经验告诉我们，未来的蛛丝马迹在过去都能找寻到。品牌设计也是这样。在与传统品牌合作的经验中，我们发现消费者与品牌的互动方式越来越丰富，因此不能再按照单一的交流方式去设计，而要培养与世界各地不同年龄、不同语言的人进行沟通的意识。如果能利用新的技术与方法创造出令人啧啧称奇的消费者与品牌交流的方式，这将带来重大机遇，反之亦然。

这无疑对新一代的设计师提出了更高的要求。但是保罗希望他们首先能认清并庆幸自己所拥有的自由。"若你还是年轻的设计师，尤其是学生，如果设计是你接下来二十年想要做的事情，你需要给自己设定项目，如一份年度报告。同时，想办法训练自己在尽可能广泛的背景下思考设计，而不要仅限于平面设计、插图或摄影方面。培养设计思维，思考如何解决一个

16

大问题，这很重要。

如果有人想来我们这儿工作，他的简历绝不能仅仅是漂亮的设计作品，我们会想要看到一些不可思议的想法，比如，他真的在挑战自己或以与众不同的方式进行思考。我认为很多人都掉进了一个思维的陷阱，以为只要做出了漂亮的简历和作品集就能通过面试。可能有些机构如此，但这儿真的不是这样。"

这与原研哉口中的"带着'设计'概念生活"是差不多的道理。造型并非简单的草稿构图，它需要动用数学甚至符号学的知识。而设计只是表达的手段，设计师需要通过设计整合各个方面的知识来为所处的环境带来影响。

在 DesignStudio 成立的第十年，其分部在旧金山与悉尼落了脚。主理人保罗是如何做到日夜不停地思考与工作，还不觉疲惫的呢？我们得到的答案犹如一盅味道浓郁的鸡汤。

> "如果你真的喜欢你的工作，自然能量饱满。像我就喜欢接触那些非常棒的概念、设计或者做事方式，也喜欢去弄明白什么事是真的有意义的，或者什么是人们现在了解但曾经一无所知的事情。我从这个过程中汲取养分。当你没那么经常地意识到你在工作时，你的疲惫感也会随之减少，只是觉得自己在做真正喜欢的事情罢了。"

未来的品牌会是什么样，保罗也不知道。但他发现，许多品牌都已经在我们的生活中占有了一席之地，腾讯、谷歌、亚马逊都是极好的例子，他们在日常的每件小事上都要插一脚。消费者可能会先接受，然后反对，因为他们不希望自己一生中所做的事都被这两三家公司所控制着。

"但我想未来定会有大事发生。当我们拥有了可穿戴设备后，我看到我不再是在互联网里，而是置身于由人构成的'物联网'中。这让我很害怕，但也让我对未来将往哪里走、人类又会做出什么决定产生了兴趣。"

游明仁 │ RICHARD YU

人称"游面"，ADK台湾地区创意长，曾担任亚太广告节、
戛纳国际创意节等国际广告节评审团成员，在国际广
告界享有盛誉。在擅长煽情的台湾地区创意界中，游
面带领团队贡献了别具风格的搞笑和无厘头创意。

创意产生的过程可能是痛苦的，但想出令人快乐的创
意终究是件快乐的事。怎样捕捉源自人情洞察的快乐
创意？这里有一份来自游面的提案。

怎样想出令人快乐的创意？

想玩大创意，平时注意培养客户的信任感是基础

和动辄通过跳槽去寻求高薪、升职、好客户的人相比，游面显然理性得多。他入行 22 年，只换过 5 家公司，在广告行业里确实不算多。去智威汤逊广告公司面试时，面试官狄运昌先生（Michael Dee）问他想不想做耐克的项目，游面说不想，因为耐克的好案例已经非常多了，做耐克的项目压力会很大。如果可能，他更希望通过自己的努力把原本创意一般的客户做成今后大家都想做的客户。显然，这理性的背后其实是野心。

总能给广告公司充分的创意空间的好客户并不是天生的。在游面看来，创意空间从信任开始，而信任必须要在日常中培养。"我们做这行都是做口碑的。客户有业绩压力，所以你只跟他说创意的话，他就算被你逗笑了也不见得敢用。平时要帮客户达成目标、建立信任感，这样你偶尔提出有突破性的东西时，他才会支持你。"

波蜜果菜汁的广告在台湾地区曾经非常成功，它主打的理念是没空摄取足够的蔬菜就喝波蜜果菜汁。接手这个品牌之后，游面设定的概念是"没吃菜比什么都危险"，他以幽默、夸张的手法进行表现——只有没吃菜的人才会有

危险，吃菜的人连中弹都不怕。

游面到 ADK 第一年时与创意总监詹育卿一起创作的这套作品至今仍是他最爱的三个作品之一。"客户超级棒，这种创意居然'吃'得下。所以说平常要培养信任感。"在客户的支持下，游面带领 ADK 台湾地区脱颖而出，成为近两年在海峡两岸炙手可热的公司。

经费有限？也可能带来彩蛋效果

尽管游面的作品风格各异，其中透露的策略却非常一致——用细节和小故事来撬动人心是它们统一而鲜明的特色。

游面直言这和经费有限有关。要用有限的经费把项目做到位，最重要的就是找到合适的导演一起合作，有了合适的导演，经费紧张也有可能带来彩蛋的效果。例如，波蜜果菜汁的 TVC（电视广告）里，原本飞弹是要通过火箭筒发射的，但因为经费有限，导演罗景壬建议不如煞有介事地把飞弹拿出来，再默默地放回去盖好，什么都不做。最终，钱省了，笑料也更足了。

做左岸咖啡这个项目时，经费的限制更是直接带来了一个全新的策略和创意。当时，团队需要解决的问题是：如果不能去巴黎，怎么展现左岸咖啡的法式浪漫？讨论的时候，创意总监刘坤仁提出了一个另类的想法：把所有带有"French（法国的）"的东西，转换成"我的法式浪漫"。然后就有了一系列可以在台湾地区拍摄的法式浪漫，如广告片《失约的盛宴》中的 French fries（炸薯条），《舌吻的两种可能》中的 French kiss（舌吻）。通过中国台湾也有的"French-something"，找到属于消费者的法式浪漫。

TVC 画面的粒子很粗，因为罗导用了据说是整个台湾地区最后一台 16 厘米机器。事实上，由于厂家早已不生产零件了，这台机器是好几台机器的零件拼凑而成的，却有着特别的画面质感。限制再多，也总能找到突破口。

提案分三段，凡事都要试试看

对于客户的 brief（简报），游面的观点是："尽信 brief，不如突破 brief。"有时候，他会提前跟客户打招呼，然后修正 brief，也试过直接给客户"惊喜"。但提案的时候，他通常会提至少 3 个创意：一个百分百答题的，一个在限制内大胆一点儿的，还有一个突破性的。

伊莎贝尔喜饼当年给的 brief 很明确：以两部片子的预算制作一部包含两个不同结尾的主片；放在网络上希望引起消费者的讨论。当游面追问这样做的目的时，客户说因为太久没有跟年轻一代沟通了，担心品牌老化。最后去提案时，游面依照客户的需求提了一部有两个结尾的片子，然后提了一部上下两集连续剧式的片子，还有一部是最大胆的以十二星座为主题的片子。

"当时我们的创意总监蔡坤烈说，其实可以拍十二部片子，教男生如何追求十二星座的女生，我觉得不错就认真了起来。当我让他再讲一次时，他反而有点紧张，说是开玩笑的，反正不可能会过。但是我喜欢去尝试一下，不成功也不会怎么样。"听完提案后客户很喜欢，但是也明确说超过预算了，不知道能否通过。一个星期后，团队得到了比稿胜出的通知。

凡事都想试试看的游面，在万泰银行灵活卡这部片子上更是非常大胆，整个创意非常具有突破性，以至于给董事长汇报之前，客户还好心提醒他这次可能会被骂，因为董事长为人比较严肃。结果不但董事长很喜欢，这部片子在金融类广告里至今也算是独树一帜的。

所以，未必是客户不提供创意空间，也许只是从来没人尝试这样去提案。当然，此处应温馨提醒：注意前面所说的"信任基础"。

获奖无数的小时光面馆系列广告源自一位很会做菜又是资深文案出身的创意总监——程宝君。为了这套片子，她写了四篇长文案，还试做了片中那几道料理。他们开了三次会议，讨论得很深入，客户问了很多问题。"因为客户问了很多好的问题，这套广告才得以这么完整。"除了片子，这个创意还包括网站、食谱料理教学，甚至一家实体店，每一环都扣得很紧。2016 年 1 月 19 日片子出街，同年 3 月 18 日实体店就开业了。

RICHARD YU

"

尽信 brief,
不如突破 brief。

"

波蜜果菜汁《迫切的危机系列——战火篇》

左岸咖啡《我的法式浪漫》

伊莎贝尔喜饼《十二星座》

至于大家所关心的"会不会太像深夜食堂"，游面坦言自己第一次看到脚本时也想过，但仔细想想，这次的重点在于用统一方便面做各种不同的创意料理，着力点并不同，所以最后还是决定一试。片子出街后不但横扫各种奖项，产品销量也飙升。而对广告人来说，最大的肯定和犒赏也许就是再拍续集吧。所以在第一季之后，小时光系列广告几年来仍在不断推出续集。

回归原点，看到创意本身的力量

如果自己的得意之作不但大规模出街，而且日日出现在自己的窗前，是不是很幸运？

这块在游面办公室窗外的环境媒体广告牌，起初只是创意群总监林昆显创作的一张平面稿，意在提醒人们落砖就像空袭一样危险。而游面觉得将它做成环境媒体广告会更好，结果找来找去，将广告牌定在了自己窗前。只要有心，传统手法同样能挖掘出许多令人意想不到的突破点。

2015 年 11 月，台北举办亚洲广告会议，游面的团队尝试了久违的极简平面稿，这是针对其中一个邀请 LINE、脸书、可口可乐、TED 等品牌大咖进行演讲的讲堂所做的宣传。

当大家都在拼高难度 3D 技巧的时候，简洁的平面、利落准确的文字能让创

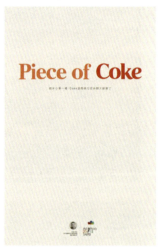

意回归原点，显示自己的力量。就像亚太广告节之行，游面最大的感受是，"文化可能有国界，但创意是无界的……从很多国际上杰出的作品中可以看出，创意者用很单纯、新颖的想法创造出没有语言、文化障碍的沟通，这是我们值得多努力的方向"。

年轻和混沌都不是原罪

很多精彩的作品都有资历尚浅的团队成员的贡献。为什么游面对年轻人那些初次提及时稍显幼稚的创意如此有耐心？除了要保护年轻人的创意热情，更因为在游面看来，创意需要的是天分与努力，创意好坏与资深与否并不绝对成正比。资深人员要做的是用自己的慧眼挑选出有潜力的创意，再用自己的经验去帮助这个创意变得更强、更完整，并让客户接受。

毕竟谁都有过混沌期。"有一阵子，我在当艺术总监的时候还没有开窍，每天上班压力都很大，觉得好恐怖。那时候创意总监总会问我这个概念是什么，但我自己也不知道。我差不多是在智威汤逊才渐渐开窍的，因为资深文案出身的迈克尔是位创意、策略及逻辑思考能力都很强，又很会教导人的好老板。我从那时候开始就比较有成就感，我的主要作品也差不多都是从智威汤逊时开始呈现的。"

当然，有些时候并非因为混沌，纯粹是因为"年轻"这项原罪。

茶里王系列广告几乎就像上述所有理论的汇报演出。"几岁篇"道出了职场新人的普遍尴尬，而"不甘无味"的创意本身就来自一位很年轻的文案王彤。"这一套几乎都是她的原创，我们只是帮她把某些地方顺了一下，所以她很开心，入行不到一年就拍了好几部不错的片子。"

令人印象深刻的 ADK 招聘广告也是源自一位文案的创意。在做本公司的招聘广告时，面对围观群众"这时候没有甲方（背黑锅），我倒要看看你的大创意在哪里"的心态，广告公司往往压力巨大，怎么做都感觉不对。文案游晓晨想出了一个影片，大意是一个从事文案工作的人被捅了一刀，临死前想写下凶手是谁，写完又觉得文字太长，于是一改再改。游面看过后马上感觉这是一个好点子，不过公司当时只缺美术的职位。另外广告公司自己花钱做作品，最好能顺便拿个奖，而一旦参赛，中文的趣味性可能很难恰当地用英文表达出来，于是就有了这个版本的"凶手是谁"。从同事、观众到游面，看到这部片子都被逗笑了，连一向严肃的日本老板都笑到流泪。

至于年轻广告人还需要加强的方面，游面觉得他们可以更积极主动，在职位低的时候要懂得向上求援，但平时爱学习、爱动脑则更重要。游面鼓励大家做一个主动积极、爱问问题的"好奇宝宝"，例如，美工可以时常拿设计去"骚扰"思考比较理性的文案，测试他们的观感；做执行的时候也不要放过那些专业人士，如修片或摄影的时候大可以偷师。"他们有太多很厉害的东

你看起來很年輕

連自己幾歲都不知道？

給單純的孩子
不甘世故就回甘

游面获邀担任亚太广告节直效创意奖评审团主席

ADK 台湾地区创意部同事为游面庆祝生日

西，所以你要多跟人家聊，如果你有热情，又有基本的礼貌，我相信会学到很多东西。很闲的感觉好像不错，可是你没有成长。要先想清楚你想成为什么样的人，然后你就有可能成为那样的人！"

热情的心火

和我们分享他自己已经看过几百遍的片子时，游面还是会笑到拍桌，似乎他的热情就没有用完的时候。"就像常有人说，摆脱失恋伤痛最快的方法就是赶紧展开一场新恋情，当某些不如意聚集在一起造成热情褪去的时候，想办法从你手边找到一个最有可能成功的案子，然后突破它、实现它，给自己及团队一些及时、快速的鼓励与能量，渐渐地，热情的心火还是会慢慢再燃烧起来的。"

傅熙林 | CELINE FU

2×4 北京工作室的合伙人兼创意总监，曾担任中央美术学院、清华美术学院和四川美术学院客座教师，并参与过北京奥运会、国家大剧院等众多大型项目。2×4 这个团队从不为自己设限，他们用手与脑让他们所理解的"平面设计"更加立体。

这一份关于设计师如何"杂食"与破界的提案或许来得正是时候。

这个和普拉达情投意合的设计工作室，从不相信灵感这码事儿

2×4 设计工作室有一长串闪闪发光的客户名单，从耐克、普拉达、蒂芙尼这样的商业大牌，到纽约现代艺术博物馆、古根海姆博物馆这类顶级艺术机构。与其并肩合作的也是大名鼎鼎的建筑事务所，如大都会建筑事务所及赫尔佐格与德·梅隆建筑事务所等。

如果你早已厌倦了那些小工作室与大品牌之间的传奇故事，或许这个小细节能从侧面佐证 2×4 设计工作室的魅力——2×4 北京工作室的一名设计师在办理美国签证时，签证官以最快的速度放行，末了还笑眯眯地告知对方："我是 2×4 的粉丝。"

这是一个由设计师、作家、软件工程师和动画师一起组成的工作室，由麦克尔·罗克（Michael Rock）、苏珊·赛勒（Susan Seller）和乔亚娜·斯都（Georgianna Stout）主管，除了纽约，还在北京开设了办公室。拥有从容地游走在文化、艺术、时尚和建筑等多个领域的视觉传达能力，以及在项目上的独特策略，都是使 2×4 从众多同类型设计公司中脱颖而出的关键。

2×4 北京工作室坐落于鼓楼附近的二环胡同里的一座城中小院，出门就能遇到街坊邻居包饺子，有时甚至可以添双筷子吃个饭。院子里有一个露台，夏天天气好的时候，就会有朋友来聊聊天、喝喝啤酒。早上十点上班，晚上七点下班，合伙人及创意总监傅熙林希望把大家的工作时间尽量控制在一个正常的范围内，不主张加班。目前工作室共有 8 名伙伴，全是设计师，且女生居多。

2007 年，2×4 联合创始人麦克尔·罗克邀请同是中央美术学院出身的傅熙林和辛静组建 2×4 北京工作室。彼时，2×4 第一次来北京，与荷兰大都会建筑事务所一起合作中央电视台新台址项目；2008 年，2×4 北京工作室接手了耐克的两个展览项目——"百战百胜""健步如飞"；2011 年又承接了普拉达在中央美术学院美术馆的春夏时装发布会项目。最近一个令其在国内外都大放异彩的项目是上海普拉达荣宅的视觉设计，这个项目是与纽约总部合作完成的，北京工作室负责视觉识别系统的设计工作，纽约工作室则侧重荣宅开幕展览的内容策划及设计。

时装品牌与创意公司的合作往往是"露水情缘"，但普拉达与 2×4 更像是一对情投意合的夫妻。如何拿下大客户？是什么造就了 2×4 的独特魅力？借着 TOPYS 创意公开课的机会，我们在嘉宾休息室和傅熙林聊了起来。硬朗、爽快、接地气又不失优雅是我们对傅熙林的第一印象。这场对话中有不少虽是老生常谈但非常值得拿出来一提再提的大实话，在这里提供给大家一起思考、借鉴。

市场肯定设计的价值是小型设计工作室兴起的开端

Q：是什么样的机缘巧合让您加入中央电视台新台址项目之中的？

A：2×4作为一个总部位于纽约的国际工作室，在当时想要拿下中央电视台这类项目其实是比较难的，于是我们便选择和中央美术学院一起合作竞标。

中央电视台总部大楼由荷兰大都会建筑事务所设计，其标志性的建筑形式和相互独立的功能分区创造了一种极为特殊的空间流线。为了厘清这一空间条件，使导视最大限度地发挥功能，2×4从根本上简化了功能空间的命名。中央电视台大楼有两个主入口和两个核心筒，2×4由此入手，把整个大楼概念性地分成两个建筑体。这个命名系统按照垂直方面的顺序串联起塔楼、楼层和房间，让每一个功能空间具备独立名称的同时也显示了其所在的位置。除了标识导视，2×4还为九层的餐厅设计了特殊的墙面图形，用马赛克手法再现了青花瓷上的山水景观。

Q：2×4为什么要在北京设立分部？有没有一些战略上的意义？

A：麦克尔·罗克对亚洲的市场和文化很感兴趣，所以就想在中国开一个工

作室。但是具体在哪里，其实还是取决于人，因为我和辛静是中国人，所以我们更了解中国市场、亚洲文化，于是就在北京成立了工作室。

Q：2×4 北京工作室刚成立的时候，您有没有观察国内小型设计工作室处于怎样的一种生存状态？

A：很活跃。2×4 北京工作室成立于 2007 年，那时正值北京奥运会的筹备期。其他城市我不敢说，就北京而言，在这一时期有非常多小型创意公司涌现，而且不仅限于平面方面，还有建筑等方面。大家都有一个充满希望的开始。

创意市场的活跃其实与客户有很大的关系，很多客户也是从那个阶段开始慢慢意识到设计的价值。说实话，一个品牌在发展初期阶段其实是不太需要设计的。就好像很多设计公司其实不愿意与一些房地产品牌合作，因为有些房地产客户不在乎或者不认可设计能够为他们带来价值。房子很容易就能卖出去，无须做过多宣传，设计在其中也就显得无足轻重了。

但我觉得这也是一个阶段性的问题，一旦房子不好卖了，其他的竞争品牌都开始发展起来，那时大家拼的可能就是服务、质量和设计了。我们现在就能看到很多成熟的地产公司越来越重视设计，我觉得原因很简单，他们看到了设计能够带来的直接价值，所以愿意为设计买单。这很现实。

大品牌≠好客户，能清楚双方合作点的才叫"好客户"

Q：和大品牌合作怎样平衡流程和效率？

A：他们的效率其实很高。2×4北京工作室有一个天生的优势。有很多国际奢侈品品牌，它们的中国区不太能够决定设计层面的事情，而我们背靠纽约总部团队，可以直接与品牌的全球总部对接。以普拉达为例，纽约总部跟普拉达的关系非常密切，2×4与普拉达的合作始于20世纪90年代末。彼时，麦克尔·罗克与建筑师雷姆·库哈斯以及他的设计和研究工作室AMO一起为普拉达女士开展过一个网络项目的探索研究，所以，从1994年开始，他与库哈斯就已经成了工作伙伴。麦克尔·罗克曾将平面设计称为"纸上的建筑"，而库哈斯则被誉为"最有平面意识的建筑师"。因此，三人之间的合作似乎是自然而然的。也正因为如此，我们在和普拉达的合作过程中能得到更多的自由，我们也非常珍惜这样的自由。

Q：很多大品牌其实都对东方元素存在误解，每年大品牌的中国新年限定款看上去多多少少都有些一言难尽。2×4是如何把国际审美和东方美学结合的？

A：我觉得最主要的还是对品牌本身要足够了解。工作室和品牌客户必须一起工作，就像两个厨师在同一个厨房里做饭一样。我们与品牌合作的时间太长了，所以我们很清楚地知道"你这个很普拉达"或者"你这个不

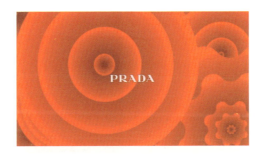

2×4 北京工作室与普拉达米兰、上海团队合作，与 2×4 纽约、香港团队多方协作，在短短两个月的时间内完成了普拉达"猴之絮语"动画系列

是普拉达"。某一年，有设计师把普拉达做得过于"潮"了，我们基于品牌基因判断那可能不是普拉达的东西。据我们总结，普拉达喜欢拿着自己一定的腔调，即便是去吸引年轻的客户群，也需要在这个范围里。

Q：在与品牌合作前期，有没有一些做调研的方法？

A：品牌其实也会做非常完备的调研，然后形成详细的创意简报。我觉得人家功课做得很好，我们也要做同样细致的功课。以普拉达荣宅为例，因为这个项目在上海，所以北京团队就会为纽约团队做非常多的功课，毕竟我们比他们更了解中国文化。前期，我们会搜集一些与上海、荣宅、中国文化、中国受众相关的资料，使其成为两边团队共享的资料库。然后，我们做一些情绪板（设计师开始设计前搜集和整合素材的一个素材板，可以引起某些情绪反应，作为设计方向与形式的参考），把所有有价值的信息点都列出来，最后慢慢去寻找方向。

起初，做荣宅标识形象的设计也有很多方向。考虑到它是在民国时期建造的，于是我们便找了非常多民国时期的中文字体，如民国课本上的宋体等，还尝试过根据荣宅本身的室内装饰，利用装饰线条呈现其特征。但最终定下的这个字体是源于普拉达品牌的字体。我们从拉丁文的笔画中拆分出用于构建"荣宅"这两个汉字的笔画，让品牌精髓在这栋百年古建筑里焕发出新的生机。

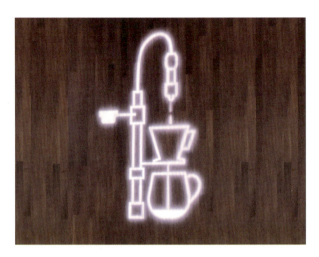

Q：2×4在为耐克做"百战百胜"项目时，展览建筑外立面采取了低技术（Low Tech）的方式，这算是你们喜欢的一种设计语言吗？

A：我们不是特意去做Low Tech，当时只是想做一些和别人稍微不一样的东西。我们经常会反着潮流做一些新的尝试，在大家都削尖脑袋追求"高精尖"的时候，我们就会考虑是不是用一些Low Tech的方式也能取得很好的效果。

耐克"百战百胜"展览在2008年北京奥运会期间首次亮相，随后又在东京设计周100％设计展上展出。展览精心挑选了100件展品，代表耐克对"更轻、更快"精神的不懈追求，将耐克品牌的历史娓娓道来。2×4负责此次展览的建筑和室内设计，监督这个9000平方英尺（约836平方米）展示空间内的所有工程施工，并策划和撰写了展览的全部内容，包括动态装置、视频和交互媒体。

我觉得设计风格这件事情是自然而然的，如果把2×4的作品拿出来整体浏览一遍，好像的确能够找到一些风格上的共同点，但我们并不会在某个项目一开始就给它设定一个风格——那就太把自己当回事了。我们是艺术家吗？其实不是。设计还是要针对这个项目本身，看它需要解决什么问题，以及我们能为这个项目制订什么样的解决方案，这些才是需要我们重点去思考的。

在星巴克臻选上海烘焙工坊这个项目中，2×4就尝试以数字交互技术，从顾客体验的角度实现了一个使内容、技术和建筑空间无缝对接的信息还原方式：头顶管道上的LED显示屏忠实地记录下了所有咖啡豆的来源和流向；嵌在木门内的动画营造出品鉴室的环境气氛，并将冲泡过程进行可视化展示。

Q：越来越多的品牌都想要做自己的商业展览，您在这个行业里面有没有观察到一些有意思的趋势？

A：尽量跟C端用户拉近距离，这个是大家都在努力的事情。有些客户总想做"声光电"，觉得这样好像很酷炫，能吸引到一些客户群体，但我觉得大家看过太多"声光电"的时候，其实也不觉得新鲜了。举个例子，网站最早出现的时候，涌现了非常多的Flash动画，后来大家都不喜欢用Flash动画了，就是因为看得太多了。所以我觉得"形式"这种东西是手段，不是最主要的目的。

2×4的"声光电"作品之一"Eye Test"（视力测试）入选了美国平面设计协会（AIGA）2019年10月份的"Midnight Moment"（午夜时刻），其创作灵感来自用于色盲测试的抽象图形色彩、视觉律动和光学幻觉。活动期间，该视频在纽约时代广场的大屏幕、看板及报亭同步播出。

Q：2×4接触过很多客户,有一些是国际大品牌,也有一些国内新兴的小品牌,
和不同品牌合作的时候，工作方式或沟通方式有什么不同？

A：其实我觉得没有什么不同，都是客户讲需求，我给解决方案，或者客户
不清楚需求，咱们一起聊，然后再共同给出方案。如果是比较成熟的客户，
他可能比较清楚自己的方向和需求，但不太成熟的品牌可能就不知道了，
或者需要我们帮客户梳理。一直不知道自己想要什么的客户往往到最后
还是不知道，实在不知道的时候，我们就说拜拜了。

什么叫好的客户？我不觉得大品牌就是好客户。很清楚双方能够合作的点，
也很清楚自己想要什么，或者通过我们双方的努力达成了一个很清楚的点，
而对方也愿意为这个点去努力，去投放资源，我觉得这才是好客户。

Q：对于那些不太熟悉或不太了解的品牌，2×4如何精准地挖掘它们不同的
品牌基因？

A：我觉得规律应该是有的，而且无非是那几个,比如,行业的一些特征、客群、
在一定阶段内想要达到的效果等问题，把这些问题一个个问清楚了就可
以。就像切蛋糕一样，你不知道从哪里开始切，那就先切一刀，切出一
条大主干线，然后再在主干线里面横向、纵向一刀一刀地切，这样就能
够勾画出我们想要的答案了。有了这些答案之后，再提那些创意的点就
比较清楚和具体。

"杂食性"设计师是靠 8 小时快题训练逼出来的

Q：2×4 接的很多项目都是综合性的，横跨各个领域，这样其实对设计师综合能力的要求很高吧？

A：虽然这样说挺娇情的，但的确，想找到很合心意的设计师非常难。很多人上门应聘，开口就说："我想应聘你们的品牌设计师。"我就告诉他："我们没有这个职位。"而且我觉得越往后，可能越不会有。

因为客户对我们的要求很综合，你无法只做印刷或者只做品牌。2×4 对设计师的要求是需要有非常强的理解能力，手上的功夫还必须扎实，同时对空间、尺度、材质等概念也有一定的了解。当然，一开始并不是所有设计师都能同时具备这些素质，他可能只拥有其中某一项，但我觉得只要足够聪明或有一定的基础，来到我们的团队之后都能成长起来。

2×4 为全球最大的弹性地材制造商得嘉集团（Tarkett）设计了一款全新的图案。他们最新的 Infinies 系列采用全新技术，推出了业界首款数字印刷的 LVT 地板，此款设计被命名为"Riot"，从超写实绘画的花朵图案通过逐渐像素化过渡为完全的纯静态噪点。这个图案也可以被切割为三种不同的状态单独使用：明亮浓烈的繁花、单纯的像素噪点以及两者间的过渡。

Q：设计师的"杂食性"要如何培养？

A：我更愿意去看很多其他行业的书，去关注、了解其他行业，比如，现在这个世界正在发生些什么。我对历史、经济、政治、文学都特别感兴趣，这两年我还会去听一些经济导师的课，如薛兆丰教授，我很喜欢他。

我觉得设计做到最后其实拼的是理解力。客户为什么愿意花钱买你的设计？其实是因为你的脑子跟别人不太一样。你把知识面拓宽，最终这些知识都会留在你的脑子里，形成自己的判断和理解力。

Q：有没有一些激发团队成员创造力的妙招？

A：现在有很多年轻的设计师总是特别快地否定了自己的想法，认为这肯定不行或不好。遇到这种情况我就会问他："你做了吗？"我早期在2×4的时候收获最大的地方就是，要不断、不断、不断地把创意做出来，然后才能证明这个想法是好或是坏。我们会像做快题训练一样，一天工作八小时，然后每两个小时看一次稿，这样一天之中我们就会看很多次稿。这会给人很大压力，但也很锻炼人。

那个时候我正是通过这样的快题练习让自己的脑子动得特别快，有时好像都能听到自己的大脑疯狂转动的声音。设计总监已经坐在那里了，其他同事也慢慢把材料打印并贴出来了，而你还没想出来，怎么办？你就只能不停地把自己逼到极限，不停地想既然这个方向不行，那就想第二个、第三个……长此以往，其实你就会拓宽自己的能力范围。

"

我觉得设计做到最后其实拼的是 理解力。

客户为什么愿意花钱买你的设计？

其实是因为你的脑子跟别人不太一样。

你把知识面拓宽，

最终这些知识都会留在你的脑子里，

形成自己的判断和理解力。

"

Q：您觉得灵感是可以被逼出来的吗？

A：我觉得没有"灵感"这回事！我挺反感"灵感"这个词的。设计确实需要有一些疯狂、超常规的创意，但更多时候设计其实是件很有逻辑的事情。我们不是艺术家，不能靠感觉，因为我觉得感觉是不可靠的。设计是基于非常多的分析与事实，然后借助非常扎实的基本功去表达一个又一个输出的结果而已。真正的设计师是游走在提出问题和解决问题之间的，他肯定不是"我一时有灵感迸发，今天就画两笔；没有灵感，我今天就待着，什么也不画"。这个状态不是我们日常工作的状态。

两杯两杯是 2×4 北京工作室与 TTG 团队紧密合作打造的一个全新嵌入式咖啡运营服务品牌。我们通过提供嵌入式咖啡解决方案，围绕"喝咖啡这件事很重要"的诉求，从命名策略、视觉形象、应用物料等方面营造出一个年轻、有社交属性又不乏幽默感的品牌基调。

Q：那您有做不出东西的时候吗？

A：做不出东西的痛苦谁都会有，但我觉得讨论是一个很好的解决方式。我很幸运有辛静这个合伙人，我相信她应该也这样觉得。虽然我们有很相似的学术背景和从业背景，但我们两个人的性格特别不一样，擅长的方向也不一样。

在做不出来或者遇到问题的时候，我就经常会拿着一堆方案让辛静帮我看。她是一个非常冷静的人，在我遇到瓶颈的时候能掏出一把小匕首，砍掉一些不必要的纠结。而我比较敏感，善于从合作一开始就判断出方向。有时她也会问我这件事情我是怎么想的，我也会从自己的角度，提出一些想法。讨论是一个让你走出死胡同的很好的方法。

不比稿的设计公司有着自己独特的魅力

Q：作为一家世界顶级的设计咨询公司，2×4 有没有一些比较特别的坚持？

A：我们不比稿。2×4 唯一会参加的一种比稿形式是资质竞标。所谓资质竞标，就是我们会拿自己以前的案例去证明我们有这样的能力，它会变成我们的一个技术标。但如果说让我们针对某个项目专门设计，这样的形式我们是不参与的。原因很简单：如果你生病了去看医生，医生会拿几服药给你，难道你要说"我吃吃看，不行的话我就不给钱"？或者你可以对律师说"你帮我打打官司，打不赢不给钱"？我觉得这样是不对等的。在我们创意行业里，一旦地位产生不对等，就很难合作。

Q：2×4 和其他设计工作室相比有什么不同？

A：我们非常重视过程。我们的每个项目都以对话开始，在为客户设计时，我们要做的是找到一个特定的观点——客户的观点。将客户的观点置于行业更广泛的背景下，然后再发挥我们的创造力。有些人把这称为策略，有些人把这称为设计思维，而 2×4 只是一直把它称为工作过程的第一阶段。

当客户提出一个具体的项目时，第一步是仔细倾听，了解他们想要什么。比如，和耐克合作的一个项目中，我们马德里的同事很有意思，他们去耐克的店里买了一些鞋子，以便深入了解品牌的服务、空间氛围和产品，以此了解很多有价值的信息。

我们是一个相对跨领域的综合性工作室。我们的品牌、建筑、环境、空间、数码等设计小组其实是在一个综合类项目里面协作，小组与小组之间是无边界的。在这样的合作下，我们呈现出来的也是一个跨领域、综合性更高的输出结果。这就是为什么我们经常会收到一些建筑师的履历，很多人都搞不清楚 2×4 到底是做什么的，以为我们是一个建筑设计公司或室内设计公司。

在 2×4 的创作作品中有一个特殊的类别，我们称之为"嫁接"（Intervention），即在第一阶段的画面上用新的方式或覆盖、干扰，或生长、打破，或扭曲、叠加，让之前作品的生命得以延续，同时释放出不同的能量和话题。这样的"嫁接"方式，2×4 曾在 2006 年名为 Notorious Women（声名狼藉的女人）和 2007 年名为 Masked/ Hooded Woman（戴面纱/头巾的女人）的普拉达墙纸项目中运用过。在巨大的墙面上，插画艺术家埃里克·怀特（Eric White）用经典油画呈现了历史上十个声名狼藉的女性，她们是权力与才能的代表。时隔六个月，2007 年夏天，2×4 又用当季明亮、浪漫的图案为她们戴上面纱。

此外，我们非常自由、平等。2×4 在出草图的创意阶段非常开放，欢迎大家在告示板上贴自己的想法。我在纽约工作的时候，有一次一个写程序的自由职业者跑过来，很自然地贴上了他画的草图。有的时候，你认为"不专业"的人可能也会提出一些好的建议。出想法的阶段，我们就不去考虑技术这件事情，因为技术总有一天会被实现。

在和傅熙林聊天的过程中，我们感触很深的一点是，2×4 在与品牌合作的过程中，将自己和客户的位置关系摆放得很微妙。一方面，站在平等的角度，不卑不亢地提出自己的专业观点；另一方面，将大多数设计师身上难以避免的一些自由浪漫的艺术家气质和旺盛的创作欲望隐去，将品牌诉求放在首位。有时，2×4 甚至主张设计师应该藏匿于作品背后。一件备受欢迎的作品面世后，大家只要懂得欣赏作品本身就好了，至于设计师是谁，并不是太重要的事情。

身份认同对 2×4 来说从来不是问题。作为一个土生土长的中国人，傅熙林在 2×4 这个大家庭里也感受到了多元文化和谐地融合的欢乐氛围。

作为 2×4 北京工作室的引领者之一，她同时也是两个孩子的母亲。

今天的 2×4 早已使"平面设计"超越了"平面构成"和"视觉传达"的阶段，转而探索更为广阔的人类信息、媒介、生存与文化问题。它从未想过主动"打破"平面设计的边界，但一些"打破"自然而然地发生了。

萨金·贝塞特 | SAKCHIN BESSETTE

加拿大国宝级数字艺术团队 Moment Factory 创始人。

在日渐疏离的时代，Moment Factory 用炫目却饱有内涵的数字互动影像，在闹市里、自然中向所有人提案：人们应该如何重聚，并产生真正的联结？

如此疏离的时代，为什么 Moment Factory 还要燃起这堆数字篝火？

如果我们一致同意是科技让现代人越发疏远的话，那新媒体工作室 Moment Factory 所做的同样是通过科技，却把人们相互联结起来。当然，区区"科技"二字完全不能概括他们做过以及正在做的事情，也许这些事情本身亦难以用文字描述，但你可以通过他们或宏大或精妙的作品里那些美轮美奂的布景、神秘迷人的故事，以及令人讶异的科技运用找到些许端倪。

成立于加拿大蒙特利尔的 Moment Factory，自 2001 年以来已走过了 20 个年头，旗下如今拥有 350 名员工，在洛杉矶、纽约、巴黎、伦敦、东京都有办公室。你也许已经从有关明星演唱会的新闻中听过他们的名字，看过他们的作品：麦当娜的"超级碗（Super Bowl）"中场表演、"MDNA"巡回演唱会、"叛逆之心（Rebel Heart）"巡回演唱会的舞台效果都出自他们之手。除麦当娜之外，还有梦龙乐队（Imagine Dragons）、艾德·希兰（Ed Sheeran）、邦乔维（Bon Jovi）、缪斯（Muse），等等，都与他们有过合作。

当然，他们的作品并不仅限于摇滚演唱会和音乐会，还包括主题公园、公共

麦当娜，MDNA 巡回演唱会，2012 年

Moment Factory 在洛杉矶机场的作品

空间、商场、机场、教堂、博物馆、赌场、度假村，等等。这些作品的共同点可以通过 Moment Factory 联合创始人及执行创意总监萨金·贝塞特在创意大会 2019 上的演讲主题"数字篝火"（The Digital Campfire）得到最好的解读。远古时期，人们会在篝火旁聚集、议事，这便是一种满足联结需求的形式，而这深深扎根于人类进程中的需求其实从未改变，只不过是外在形式发生了变化——沉迷于移动设备、社交媒体何尝不是一种渴望与世界发生联系的需求呢？

"我们所有的社会需求在家里就都可以得到满足，但我们是社交动物，是群居动物，我们需要真实体验不同的社交活动。这也是为什么我们必须在公共的场合、真实的世界中跟大家分享活动和经验。"萨金·贝塞特说道。

这也体现在了 Moment Factory 的标语"我们在公共场合分享"（We do it in public）中，集体这个概念在其中得到放大，无论是在音乐会、品牌旗舰店中，还是在城市空间中，奇幻的体验应该是人们共同感受并沉浸其中的。"人们需要对作品产生强烈的情感联结，他们不会因此感到困惑，而是深受触动，但这是最难的。将不同事物糅合，以达到触动观众的效果，这样的作品才能称为成功。"

蒙特利尔圣母大教堂（加拿大魁北克省）的项目便是体现他们这种思考的成

果之一。这座坐落于蒙特利尔旧城区的宏伟建筑希望 Moment Factory 能通过声、光及影像，让游客以新的方式发现和探索这座教堂。

教堂本身带着丰富的叙事和宗教背景，因此该项目的挑战之一便是要让不同背景的人来到这里后都可以被吸引、触动和启发。而其内部装潢之复杂精细无疑又给科技手段带来了许多难题，整个影像映射都是一个像素点一个像素点这样完成的。此外，团队还要与作曲家合作，打造影像和音效合一的效果。

最终的作品便是"AURA"，一场宏伟而精妙的光影盛宴——先是让观者探索教堂内的不同细节，渐渐融入教堂内所营造的时空，继而光、管弦乐和建筑合为一体，在整个空间内游走、变幻，自上而下，由内而外，为人们献上一场精彩绝伦的多媒体艺术表演。

穿越城市走到郊区，便来到了魁北克省东南部小镇 Coaticook 峡谷森林公园的"幻光森林"（Foresta Lumina）。在这里，Moment Factory 通过设计游客行走的路线，并根据路径设置不同的装置艺术，融合众多灯光、场景、声音、传感、识别等技术，呈现出了一个跨越两千米的森林奇境，其中有受小镇神话所启发的故事场景，有用照明设备做成的仙子，有在空旷森林中通过声音效果所呈现的迷幻氛围，更有通过投影创造的拟人化植物等。

整个森林如同一张魔法画布，每个角落和细节都在发生不同的故事，让大人和小孩在其中感受超现实的自然之美。当然，如萨金·贝塞特所说，这是需要每个人走出家门，走进森林，去和身边的人一同体验和探索的。

如今，这个"幻光森林"系列项目除了落地加拿大的6个地点以外，还到了新加坡和日本，成为打卡景点。

在萨金·贝塞特于创意大会2019的演讲结束后，我们有机会对他进行了一次采访。虽然与不少明星和大品牌合作过，萨金·贝塞特却比想象中要谦和许多，他话不多，但句句都能让人感受到他为人的诚恳。

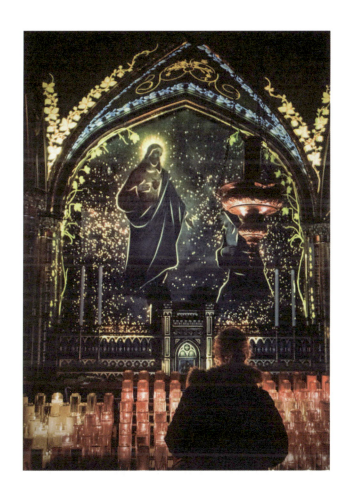

Q：Moment Factory 选择项目的标准是什么？

A：创意上的挑战当然是首要的,先要确保这是一个会让我们感到兴奋的项目，并且有好的创意潜力。接下来要看我们与合作伙伴或客户的目标是否一致，我们是否彼此理解。最后，便是可行性了。

Q：Moment Factory 里的创意流程大概是怎样的?

A：有时候我们要用上几年的时间，因为一些项目实在是很长、很复杂。我们首先从概念阶段开始，去发展比较大的想法，尽可能了解客户的根基和基础。然后我们会看这个想法可以如何通过设计来执行，如何让其有"四肢"和"翅膀"，以便进入不同的解读。接下来我们就开始设计了。

整个过程大概是：首先，想概念；其次，设计，包括从科技、参与性、人的体验、创意、视觉等方面挖掘创意的细节；然后，将声音等其他媒介元素加进来；最后，进入制作阶段。一旦我们清楚地知道我们想要做什么，我们就会开始制作了。

当然，根据项目和团队的不同会有不同的方式。普遍来说，我们针对每个项目都会有一个跨媒介的团队，然后再根据特定的项目去确定获得最佳灵感的最佳方式。通常，我们会先从研究、搜索工作做起，去理解项目的地点，理解项目的文化，理解项目的需求。我们有不同的团队，分别针对不同的市场，比如，有专门做主题公园的，有针对博物馆的，有专注于城市发展、零售、赌场、度假村等项目的，也有针对森林项目的，还有音乐团队，专门做演出方面的工作。这些不同的团队都有不同的运作方式，因为项目都不一样。如果你正在做的是一场摇滚演出，那就要看那个艺术家想要合作做些什么，这与城市、博物馆相关的内容很不一样。所以，我们的创意流程都是根据每个特定项目而决定的。

Q：每个项目里的分工合作大概是怎样的？

A：我们有专门的架构，创意总监和制作人领导整个项目并推进项目，技术总监以及另外的制作人则负责执行，他们是直接参与项目的。因此，基本上创意总监和制作人负责管理和带领，团队里的其他人去实现，让项目概念化，去发展、设计和制作项目。

Q：Moment Factory 里还有一个专门的实验室，可以给我们讲讲吗？

A：是的，我们的实验室就是我们进行不同实验的地方。我们会尝试一系列事物，无论是美学实验，还是创意实验、技术实验、互动实验、UX 实验、社交实验，等等。我们会在小范围内快速地尝试一些事情，并从中学习，因此工作室中一直进行着研究与开发的工作。

Q：你认为为什么如今人们愿意为沉浸式互动体验买单？

A：因为人们在寻找崭新的体验。人们想要沉浸在另外的世界里，试图逃离自己的世界，他们想要感受到情感和联结。

Q：科技的进步日新月异，你们如何让自己始终保持在前沿？

A：我们有一个研发团队和一个研发实验室，我们会做很多的研发工作。但很多时候我们的作品其实不只是关于科技，科技只是工具，重要的是我们如何运用和融合它。甚至很多时候，我们希望科技能够"消失"，只要人们能感受到那种魔力就好了。科技固然重要，但并不是起点，起点应该是我们希望创造什么，创意应该成为最基础的那个元素。

Q：Moment Factory 是如何平衡科技与故事叙述（story-telling）的？

A："story-telling"这个词现在好像很流行。当然，我们不能将我们讲的故事与电影、网飞，甚至很多 App 等讲的故事相比，story-telling 是一个很广泛的东西，有些时候我们希望大家理解，而有些时候我们讲的故事其实是很抽象的，目的并不是要让人理解。因为人们未必有着集中的注意力，可以从头到尾像看故事那样投入；而我们也未必有着合适的媒介，能够让人们像看电影那样，通过特写、旁白、不同角色的互动来参与故事。通常我们都是通过不同的语境来讲述我们的故事，故事类型也未必每次都相同。

Q：在 Moment Factory 迄今为止的所有作品中，哪个是让你最为骄傲的？

A：很多人都问过我这个问题，而我的答案是工作室本身，因为项目来了又去，但是始终留在那里的是这个工作室。我喜欢看着人们成长、进步，看着我们的项目不断改变，但最终人们还是留在这里，我们在个人层面和职业层面都有相应的成长。所以，对我来说最有价值的项目还是 Moment Factory 本身。

Moment Factory 为新加坡樟宜机场设计的作品

艾德·希兰，Divide Tour 演唱会，2017 年

布莱恩·柯林斯 | **BRAIN COLLINS**

美国设计师，策略和品牌体验设计公司 COLLINS 的
创始人兼首席创意官。他致力于通过设计"帮助公司
更好地为人们工作"，曾被《美国平面设计》（*Graphic
Design USA*）评为当今在职的 50 位最具影响力的平
面设计师之一。从品牌设计到酝酿创意，他输出了许
多足够大胆，同时值得揣摩的观点。若是使用得当，
它们足以成为帮你划开瓶颈的小刀片。

尊重规律却无视规则是 COLLINS 作品中足够耀眼的
基因。如果你向往突破与挑战，请仔细阅读这份关于
重塑设计思维的提案。

打破你的设计迷思

比大多数人幸运的是，布莱恩·柯林斯的人生梦想在他青少年时期便已确定。他成长于 20 世纪六七十年代的波士顿，遇上的正是格罗皮乌斯（现代设计学校先驱包豪斯的创办人）来到马萨诸塞州创办工作室的时期，其居住的小镇里盛行的包豪斯风格深深影响了他。

从设计院校毕业，经历了不同职位，直至卸任奥美创意总监一职之后，布莱恩才创办了自己的设计公司 COLLINS。而如今，COLLINS 已拥有纽约和旧金山两个工作室，并因其为客户如声田、爱彼迎、多宝箱（Dropbox）、塔吉特（Target）、EOS 等创作的优秀案例而知名。

在面对面的访谈中可以看出，布莱恩更倾向于"破"，打破设计的迷思，打破品牌的想象空间，将目光放得更长远，而不仅仅专注于现下的东西。这的确与 COLLINS 作品中的色彩和活力一脉相承，也是在这场从设计一路聊到塔罗牌的奇妙访谈中，我们最深刻的记忆点。

设计未来，而不仅仅是当下；
寻找问题，而不仅仅是解决。

布莱恩的观点非常明晰。在大多数人还在思考眼下的难题该如何解决时，他已经往前走了几步。

毋庸置疑，设计思维对设计在全球商业中的地位提升起到了非常大的助益作用。以人为主的思考模式、与使用者产生共情，都是设计思维中非常重要的驱动力。但在布莱恩看来，当设计有所成效时，时间已经改变了，未来也已经改变了，当时所思考的和要解决的问题并不一定适用于已经不一样的当下了。

"所以我专注于以未来为中心的设计，不是去思考如何产生共鸣，而是去设想未来是什么样子的。"这是一个从"What is（是什么）"到"What if（如果是）"的转变。当设计师在为品牌考虑它未来可能的模样时，就已经不仅仅是在反映现在的文化了，而是为了创造出一些真正新的东西。

当把眼光放得长远、意义凝聚于未来时，设计的功能同样也需要经历从解决问题到寻求问题的转变。"我想21世纪我们的使命首先就是摒弃'解决问题'这种观念，拥抱'寻求问题'的想法。你如何到达问题之下的问题？你如何看到客户看不到的问题？你如何预测一个消费者将会遇到的问题？我们该如何磨砺自己、找到规律、预见未来，并拥有将未来转化成优势的能力？这才是设计师该做的事。"

找到问题的关键在于倾听。比如，与品牌管理层沟通时，大多数情况下不会得到非常真实而直接的答案，因此更需要通过找到规律来让真实需求浮出水面。在不同的对话中也许能找到不同的端倪，而最终会找到一些可能连品牌自己都不知道的问题，一些亟待解决的实实在在的问题。

以声田的品牌重塑为例。在最初沟通的时候，品牌将自己视为一个提供流媒体音乐播放工具的科技公司，而那时苹果刚收购了 Beats（耳机品牌），而谷歌也正在大力发展自家的 Google Play（由谷歌公司经营开发的数字化应用发布平台）的时候，声田面对的是争夺大众口碑和市场占有率的竞争。在此之前，它更专注于产品，从未以全局的角度考虑过产品的定位。

毕竟，一个好的产品赢得的是最初的用户，而一个好的品牌赢得的是大众。

在负责声田这个项目的 6 个月中，COLLINS 与品牌始终保持着紧密的沟通，他们发现这个流媒体平台真正需要的是将自己重塑成一个音乐公司，而不是科技公司。人们需要的是音乐，而不是冷冰冰的科技。在生活中的每一个时刻，人们都需要不同的音乐来配合场景和心情，在其中找到情感空间，并诉说自己的音乐故事。

因此，COLLINS 从 20 世纪初以来的音乐、设计和艺术的历史中寻找灵感，试图重新制造听众与音乐的联结，创造出一套涵盖产品、沟通、环境乃至全面数字生态的视觉系统，发展更为一致的品牌构建，同时从定位上将原来的科技公司转化为音乐公司，以优化声田用户的每一步体验。

此外，COLLINS 还调整了声田原有的市场策略，将专注点从使用者转变为音乐社群中的另一类受众——表演者、创作人、音乐家、歌手……以凸显声田是一家音乐公司。

"声田很棒——领域内堪称顶尖的工程师们完成了这样一个卓越的产品。五年前，它讲述的是一个科技故事，看起来也像一个成功的科技品牌，但那是错误的，它错误地衡量了自己，也错误地触及了更多听众。人们要的不是科技，人们要的是音乐，但那时的声田无论看起来还是感觉起来，都不像一家音乐公司。于是，我们与声田联手设计，创造了一个强大、友好、让人们可以打造自己的音乐世界的品牌。"

不做有害之事，重塑有理有据。
COLLINS 拥有不少优秀的品牌重塑案例，如 Mailchimp、多宝箱等。他们大刀阔斧地把包括标识在内的内容都做了重新调整，那是因为当时的品牌的确需要这样的操作。

BRAIN COLLINS

"

设计未来，而不仅仅是当下；
寻找问题，而不仅仅是解决。

"

COLLINS 操刀的可口可乐维生素水品牌书

而对于布莱恩来说，进行品牌重塑最重要的一点在于希波克拉底誓言（Hippocratic Oath）。它是医师的誓词，警诫着医师要救死扶伤，遵守医业准绳。而在品牌重塑领域也是相似的，最需要铭记的规矩就是"Do no harm"（不做有害之事）。

在过去的十年内，布莱恩见过不少毫无必要的品牌重塑案例。改标识明明是一件非常重大的事情，然而太多品牌工作者喜欢采用这种方式，尽管并没有足够充分的理由。他还记得自己经手过一个来自美国某航空公司的项目，当时并没有重塑视觉系统的必要，但航空公司首席执行官认为需要释放出品牌革新的信号，于是他们抛弃了一套从 20 世纪 60 年代起便一直沿用，出自一位非常优秀的设计师之手的视觉系统。其实，该品牌需要的只不过是一些小小的调整，让视觉系统看起来更有生气，也更贴合时代，而不是直接弃用。如今，这套新的视觉系统也已经过时了。

"你不能在没有推动策略或者消费者目标的情况下进行品牌重塑。当你重新进行品牌操作的时候，你也是在为你的公司创作一面新的旗帜，它需要与新的目标、新的受众、新的待探索市场、全球化的商业环境、新的科技、新的产品联系起来。你需要把它链接到一个有意义的进化过程里，否则看起来就像你因为对外表缺乏安全感就换了发色一样。好的领导者会通过设计去领导，而不是跟从。"

世界本就混乱，越混乱却越好

布莱恩有一个让人一听就忘不掉的金句——"Mess is more."（乱即是多。）

人们常说"Less is more"（少即是多），"Simple is the best"（简单就是美），布莱恩一概否决。他让我们拿出自己的手机，把主屏幕给他看，其中有我们为了整理不同的 App 而创建的分类文件夹。他问道："这难道不复杂吗？手机内部的零件难道不复杂吗？"

所有的信息、界面、图标、功能，它们都是复杂的，尽力将它们变简单之后，它们还是复杂的。"那些能将复杂变成简单、易于理解的品牌是伟大的，而那些只是将简单变得更简单的品牌，who cares（谁在乎呢）？"

人们爱说简单即是美只不过是因为简单是他们唯一会做的事情。然而，复杂并不令人害怕。在 2019 年创意大会上，布莱恩分享了 PopTech 的案例。PopTech 是在美国缅因州海滨小镇卡姆登举办的大会，拥有 20 多年的历史，聚集了全球的科学家、技术专家、人文学者、设计师、艺术家、创意人、企业和政府领导、学者，等等。

2017 年会议的开幕视频是由 COLLINS 操刀制作的。大会的主题为"Instigate"（煽动），意思就是发动改变，而不是顺应时代，因此这个"混乱"

的片子所反映的就是利用主观性、视角的流动等这些能够带来积极变化的元素，吸引不同的个体凝聚到一起成为社群。从影片到视觉设计，COLLINS 都试图通过稍显吓人却令人耳目一新的断裂感给这个宁静的小镇带来一次颠覆，如同能量的火花，推动其进步。

既然创意糟糕，那就放宽心去想

在创意大会的大师班上，布莱恩说过无数次"所有的创意都是糟透了的创意"，在访谈中亦是如此。这实在是一句能让人如释重负的话，因为知道没有什么创意是好创意，所以无论想出什么来都不要自卑，不要责怪自己只能想出干瘪的创意。

在布莱恩看来，那种"每一个创意都是好创意"的念头其实是设计思维中最恶劣的部分。"大部分的创意都糟糕透顶，只有在你评估、讨论、修改和完善后，它们才会变好。"最开始想点子的时候要的是量，很大很大的量。然后将所有的想法都集合在一起，进行讨论，每个人都摊开来说。而唯有当所有想法都被摆在桌面、贴在墙上时，人们才能看得真切，才能够去评估到底哪个创意是有趣的，哪个是可以向前推进的，哪个是有可行性的——这些都是在对话中发生的事情。

> "所有好的设计师都生来就善于对话。"

93

COLLINS 为科技公司 Mailchimp 操刀的设计

AUTOMATIONS

Quick and
easy to set up.

PRODUCT RESULTS

Fast follow ups,
more sales.

REVIEWS

Learn from
every customer.

TARGETING

Use your fans
to make friends.

ADS

No extra fees,
more for your money.

PROMO CODES

Personalize
your message.

接下来是去寻找那些最具挑战性的创意。疯狂、荒谬、天马行空过后，才有可能蹦出一些棒极了的想法，因为奇怪，才会优秀。找出那些对品牌有意义，又与品牌和用户都紧密关联的想法，就是要靠这两个步骤来回评估。

但是再"糟透了"的创意在客户面前也不会是同样"糟透了"的，因为在呈现提案之前，与客户的详尽对话以及对品牌的深刻了解已经发生。你知道客户的痛点，他们也知道需要解决哪个领域的问题。然而，"如果他们被我们所展示的东西吓到了，那是我们的问题，不是他们的问题。他们应该感到惊讶，甚至被挑战，而不是受到惊吓"。毕竟，去理解你的设计并不是他们的任务，而让他们理解、帮助他们理解你的设计及其价值却是你的任务。

这个闹哄哄的厨房，不欢迎懒惰的天才

COLLINS 曾被 *Working Not Working* 杂志评为"2018 年创意人最想去工作的 50 个地方之一"，在布莱恩看来，与其将 COLLINS 比作一个公寓，不如说它更像那个混乱不堪的厨房。想象凌晨一点半的你刚从一场朋友聚会中回来，醉醺醺地走进厨房想吃点什么。你拿出了一些食材，有人从楼上下来，你又从冰箱里拿出鸡肉和香料，有人开始做起了汤，有人开始煮饺子，于是大家一同做了一顿晚餐。这是大家共同创造的时刻，也是凝聚的美好时光——喝着东西，享用着美食。COLLINS 就给人这样一种观感，而不是规整、华丽，甚至严肃的客厅。

COLLINS 为旧金山新社区 The East Cut 操刀制作的视觉系统

COLLINS 办公室

要成为这场大餐的参与者，最重要的是品质以及才华。诚实、真诚、努力、自律、充分的自我意识等都是布莱恩在人才选择上所重视的品质。才华是能在这个混乱的世界里率先看见别人所看不见的规律，并在其中建立新的联结，但才华始终要与积极性相辅相成。

> "那些有着 B+ 才华和 A+ 积极性的人将会成就一番事业。而那些有着 A+ 才华和 B+ 动力的人则不会。"

布莱恩第一次来到深圳时，这座城市散发出的能量令他感到惊讶。抽空去了深圳设计周的他反复说到他多么被作品里的能量和雄心壮志所震撼："I love it. I love it."（我太喜欢它了。）他被不少作品启发，也对这座城市的未来充满兴奋的期待。

在这个城市里，他看到的是智慧的高度，创意的高度。

与一些中国品牌接洽过的他亦坦诚地表达了自己对中国的喜爱。中国有两个特质令他印象深刻：一是中国对自身文化遗产的自豪；二是中国对世界其他地方所保持的好奇心。"这是一种相互影响——一方面是与中国文化联结的渴望，另一方面则是与世界同步的渴望。这是一种非常强有力的生态，你可以在这里的各处感觉到这种生态——在建筑、人们和他们的决心里。"

铃木康广 | YASUHIRO SUZUKI

日本艺术家，武藏野美术大学准教授（日本大学的职称，相当于中国的副教授），东京大学先端科学技术研究中心客座研究员。其代表作有"苹果剑玉"（Apple Kendama）、"拉链船"、"空气人"等艺术装置，曾被原研哉、深泽直人、三宅一生邀请参加群展。

铃木康广的作品充满天真的奇趣，他研究气体和材料，又热爱探索地球与人生哲理。与其说他是一位艺术家，不如说他更像一位物理学家、哲学家。如果你正在为灵感枯竭而烦恼，这份提案或许可以助你进行一次脑力激荡。

他的艺术，只为填充现代人的空白时间

从东大驹场前站出来，沿着幽静的街道步行十分钟左右，便抵达了日本设计师铃木康广先生的工作室。这个工作室就位于东京大学先端科学技术研究中心之中，建筑外围的斑驳红砖及老式的木质楼梯给人以一种似曾相识的亲切感，而敲开工作室的门，里面又是一个完全现代的崭新世界。

通透的房间内堆满了各种设计新奇的作品，其中不乏铃木先生最为人所熟知的作品"空气人"及"苹果剑玉"，还有一些上色至一半的半成品。他的助理告诉我们，这些都是铃木先生还未对外公开的最新作品。比起工作室，它更像一个充满奇遇的乐园,让每一个初访者都感受到一股扑面而来的新鲜感。

直至印有苹果花纹、盛满咖啡的 Arabia 杯子端上来，我才被迫收回对铃木先生工作室贪恋的目光，开始了对他的访谈。

从 Beyond boundaries 聊起：界限不是障碍，而是跳板

TOPYS 作为 2018 年度日本国誉设计大奖的特邀海外媒体参与了颁奖典礼，当时台上的六位评审就当年的主题"Beyond boundaries"（跨越边界）展开了热烈讨论。而谈及"边界"，铃木先生和我们都不约而同地认为，这个

水平线铅笔，2002 年

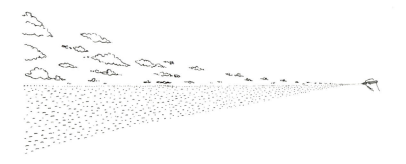

境界线铅笔，2002 年

104

主题和他迄今为止所从事的创作非常吻合。

早在 2002 年，铃木先生便创作出了一系列名为"界限铅笔"的作品。尽管它们表面看上去和现在的多色蜡笔无异，铃木对此却有着更深层次的诠释。"它的灵感源于数学中没有终点的线。我发觉可以用两种颜色组合的彩色铅笔来绘制现实中不可见的线条，譬如蓝色和浅蓝色的铅笔可以用来描绘海平面；蓝色和土色可以用来表现地平线……"

在创作的过程中，铃木发现界限本身并不存在。"'界限'一词其实是由人的语言创造而成的，自然界中是没有界限的。彩虹的颜色是人为区分的，而刚出生的婴儿也并不知道什么是手、什么是脚。"

如何在空间中表现界限？现在与过去的临界点在哪里？铅笔是怎么用完的？对于这些被大家视作理所当然的事情，铃木却想通过作品把它们表现出来。这也造就了铃木先生所擅长的设计手法将人们心中无以名状的感觉以具象的装置艺术呈现出来。

"当我们发现'界限'时，并不是要将它消灭，而是要通过艺术、设计等创作形式去跨越它。我们跨越它的时候，也不是要把它抛在身后，而是把它作为一个平台、一个跳板，去达到更高的高度。不只是作为创作者的我，希望

地平线铅笔，2002 年

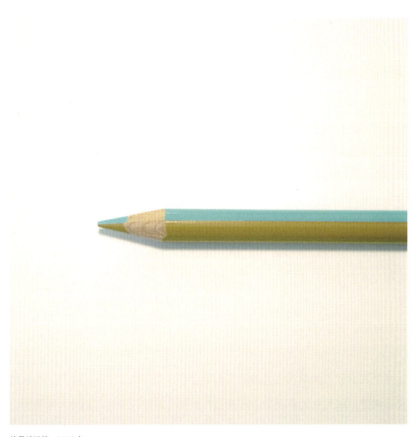

境界线铅笔，2002 年

观众也一样这么做。"

设计中的"无用之美"：转换视角就会有不一样的发现

和日本风靡一时的珍道具类似，铃木先生的不少作品也因极具趣味性却缺乏实用效果而被媒体冠以"无用之美"的说法。这其中以羽田机场内布置的"空气人"装置最为出名。

据铃木先生所述，他的初衷并非"为了做空气人而做空气人"，这个作品起初其实是一个商业合作项目。他在参加由原研哉先生指导的"TOKYO FIBER '07 SENSEWARE"展会时接触到了超薄纤维。为了让受众对"这家公司生产的纤维究竟有多轻"更有概念，铃木先生制作了独特的人体模型并缠以纤维，让其能飘浮在半空中。借助比纤维还要轻的人体模型来突出纤维的存在感，实在巧妙。

这个外表看似充满荒诞主义的空气人随着铃木先生到过不同的地方，参加过很多展览，所到之处都受到了观众极其热情的追捧，尽管大部分人并不明白这件作品背后的寓意。

谈及作品中的无用之美，铃木先生却持有不同意见。"这里提及的'无用'，会不会只是外表看上去没什么用途？但倘若我们转换视角，就会有不一样的

塑料瓶削笔刀，2001 年
用完的铅笔都去哪儿了？看看这个越来越满的瓶子就知道了

现在 / 过去，2002 年
按下印章的瞬间，现在就变成了过去

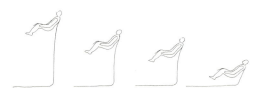

空气人，2007 年

空气人，2007 年，TOKYO FIBER '07 SENSEWARE
摄影：浴口明石 | Akashi Ekiguchi - amanagroup

发现。"他兴奋地从座位上起身，拿起一把自己从冰岛买回来还未拆封的剪刀，一边比画一边向我们解释："它之所以这么包装就是因为，与其让客户真的拿它来剪东西以试刀锋是否锐利，还不如让他们先隔着空气感受它剪起来的感觉。"末了，他又指着包装上的塑料搭扣笑称："更有趣的是，为了把这把剪刀取出来，你还需要另外一把剪刀。这很矛盾，明明设计应该让人更方便才是。"

听起来，他并未正面回答我的问题，可在他饶有趣味地展示那把充满矛盾的冰岛剪刀之时，我好像已经找到了答案。在铃木先生的眼里，有的作品从一开始就有明确的目的，要解决某件事情，所以当这个作品诞生的时候，人们自然会产生极大的喜悦。而有些作品的目的性并没有那么明显，对此，你会觉得多此一举，但那仅仅是因为你习惯了便利，以至于在便利中变得麻木。"所以我们需要一些特别的道具，它可以让我们在渐渐习惯麻木的状态下，感受到一股新鲜的空气吹进来。"

独特的创作方式：作品完成后才会画手稿

对于一般的艺术家来说，在创作一个作品之前画手稿是再正常不过的事情。而铃木康广先生的不少手稿作品却是在作品之后完成的。为其作品集做装帧设计的原研哉先生对此也赞誉有加："铃木康广先生的手稿图，就像数学家在黑板上写下的一个又一个公式。"

111

YASUHIRO SUZUKI

———

"

这里提及的'无用',

会不会只是外表看上去没什么用途?

但倘若我们转换视角,

就会有不一样的发现。

"

空气人，2014 年，金泽 21 世纪美术馆
摄影：木奥敬三｜Keizo Kioku

这个过程用铃木先生于2004年创作的作品"拉链船"来描述倒是恰当得很。

这艘外表看上去像拉链搭扣的船，是铃木先生在边创作边回头看的过程中一步步迭代出来的产物。每一次在完成作品后他都会更新一版新的草图，而这些草图也会给他新的启发。

它原先只是东京公园里的一艘船，行驶中激起的水波就好像在平静的水面上拉开了一条拉链。后来这个作品在2010年濑户内国际艺术节上作为真正能载人的船而展出，从此名声大噪。

2011年，它又作为浜名湖的游览船开始真正接待游客。这一次，铃木开始思考起了人与人、人与环境之间的关联。当每个人作为单独的个体进入船舱时，他们就构成了拉链上的一环，与其紧密联结。如果我们将视线放得更远，站在地球上空俯瞰，这艘船就好像在地球上拉出了一个缺口。

从平静的湖面到浩瀚的宇宙，铃木先生不断地从自己的草图中得到新的启发，在船舱变得越来越大的同时，铃木先生的脑洞也趋向无边。或许也正是因为他没有提前预设好草图，反而为自己创造了更易发挥的自由创作空间。

拉链船，2004 年

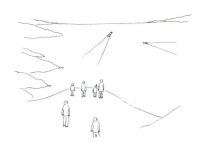

从岸边视角看，这条像拉链的航行轨迹更加明显

拉链船，2010 年，濑户内国际艺术节

他的艺术，只为填充现代人的空白时间

与铃木先生交谈会发现，他的话乍一听常常晦涩难懂，却能让你在反复咀嚼思考之后察觉其奥妙重重，充满余韵。

当我提出内心的疑问"铃木先生的设计是在解决什么样的问题"时，他只给了这么一段答复："早在 20 岁的时候，我就意识到这个时代有很多人在创造一些便利的娱乐活动，这些活动可以让你打发空白、消遣的时间。而对我而言，更重要的不是从别人的成果里获取消遣，而是让自己在空闲的时间里过得丰富、充实。在信息化时代，很多科学家和前人研究出的东西会剥夺我们的探知欲望。我们出生的时候其实什么都不知道，都是在一步步的探索中成长。所以说，成长过程中的自我探索非常重要。"

看，是不是颇有哲学家那种"不要习惯兔子皮毛深处（形容安于现状、不思进取）"的教导意味？

他喜欢苹果，办公室内布满了各种不同的苹果元素。因为乔布斯创造了苹果电脑，亚当和夏娃偷食的禁果是苹果，牛顿的万有引力也和苹果有关，所以他对苹果抱有极大的兴趣。

苹果跟人类好像有着千丝万缕的联系。

他爱探索地球，其设计作品无论从哪个渺小的起点出发，最终都能延伸至对地球的思考上。不过，对地球的喜爱，铃木先生并没有特别的理由。"因为我们就生活在地球上。在这个地球上，有很多人都无法让自己处于空闲状态，因为他们一旦闲下来就会感到焦虑。而我的艺术创作能有效地改变人们对现代'空闲'的理解。"

当我问铃木先生空闲的时候会做什么时，他回答说："你是想问，我是不是每天都在想这些奇怪的问题？哈哈哈。我非常非常忙碌，因为我总是从一个约会赶赴另一个约会。"

除创作和设计工作之外，铃木先生还在武藏野美术大学担任教授一职。他总觉得自己没有办法好好地静下心去思考，将自己的灵感及时总结下来。所以，在匆忙赶行程的间隙，他也时常提醒自己："要把自己从忙碌的状态中抽离出来，重复总结突然闪现的灵感，如果中途突然发现有趣的想法，偶尔迟到也没有关系。"

姚仁禄 │ ERIC YAO

教育家、设计师，1950 年生于台北，毕业于东海大学建筑系。其设计作品广布亚洲各地，曾在东海大学建筑学系及台北艺术大学担任讲座教授，现任大小创意斋创意长。

"如果你拿着地图，走的是别人走过的路；如果你身上带的是创意，走的就是自己的路。"年轻人不管在路上如何连滚带爬，始终需要这样的智慧镇守后方。后方其实也就是前方。

好奇心能激发创意，更能改变生活的质感和深度。一直葆有童心的姚仁禄老师，为你的好奇心提案。

好奇是每一个人绝对不应该放弃的能力

我一直保持着一个好奇的习惯

Q：您是一个资历深厚、阅历丰富，但同时一直葆有童心和好奇心的人，其实很多年轻人现在都没有好奇心了，应该如何去保持这份好奇心呢？

A：好奇，是一种思考的习惯，也是每一个人绝对不应该丢弃的能力。好奇会让脑神经细胞产生别人没有的联结。举例来说，我们面前的投影灯为什么是蓝光而不是白光？虽然我不知道答案，但是由于我的好奇，"为什么是这样的"这个问题就会留在我的脑海里。

假设我们身旁有另外一个人，他也同时看到这盏灯透出蓝光，但是，他不好奇，不会问为什么不是其他颜色。等到有一天，这个问题的答案同时出现在我们俩的面前时，我会得到答案，而他得不到。为什么？因为我的脑神经细胞里由于我的好奇，一直有个问题在等着答案，而没有好奇心的人由于他不曾有问题，因此即便答案出现在眼前，他的脑神经细胞也不会产生作用。

多年来，我一直保持着"好奇"这个阅读习惯。例如，年轻时在大学里，我几乎每堂课下课后就会到图书馆去翻阅建筑杂志，每本杂志我都从封面开始，一页页地翻，一直翻到封底。每一页，只要有照片，我就会自问：这张照片里的东西（无论房子、窗子、桌子、车子……）我知道是怎么做出来的吗？当然，95%以上的自问，我的答案都是"我不知道"，因此几乎整个大学时期，我都是在这种"答案是我不知道"的阅读中度过的。后来我才发现，因为好奇，我把问题预先储存下来是很好的习惯，因为我不但比同学们提早理解"原来我什么都不知道"，而且当答案出现的时候，我知道了，其他同学却连问题都还没想到，遑论答案。

Q：您储存了很多"不知道"，但对很多人来说，当他不知道一个东西的时候立刻就会去查，看过后当时明白了，但是看完之后可能就忘了。这算不算一种好的学习方式？

A：在互联网时代，不知道就查是一个好的学习方式，但是，查得比多数人更深入、更有延展性才是有意义的好奇。我曾经在电视台工作，当时便经常提醒记者同人新闻采访要"看得更真，想得更深"。因为在台湾地区，电视新闻工作者一般的习惯都是先查报纸，看到值得报道的消息之后再去采访。既然大家都是一样的消息来源，你怎样才能看得更真？这就需要比别人有"更多的好奇"才做得到。

至于怎样做到"想得更深"，其实不难，诀窍就是在看的同时，比别人多想三个层次，多问三次为什么，届时你将发现自己觉得理所当然的事，多想三层之后居然不一样了。

举例来说，在我的大学时期有位汉宝德教授曾这样训练我们：这个设计不错，不过你能不能拿掉一个东西。这就像你写了一篇好文章，编辑跟你说拿掉一段试试吧，你被逼着拿掉一点儿，然后他说再拿掉一点儿……这看起来无理，但是这样的训练非常有用，因为它逼着你思考，什么才是你的设计里面最有意义的部分。

Q：如果对非常多的东西好奇，会不会影响对一件事情的专注程度？

A：不会。比如，我们的目的是设计一把椅子，让人舒服地坐是你最需要关注的事情，那么抓紧这个核心不要动摇。围绕这个核心有太多的东西可以好奇，但那些好奇都是为了支撑这个核心。

Q：说到创意训练方法，有的人为了训练自己会刻意去做和自己的习惯完全相反、对立的事情。您怎样看待这种训练方法？

A：可以，但是要小心一点儿。常常有人问我要怎样培养创意，我说你早上从一个门出来，回家的时候可以试试换一个门进入，或者换一只手去开门，虽然这样做让你很不习惯，但那是好的。

我们已经变成一种习惯性动物，太了解要如何生活了，所以稍微改变一下习惯，我觉得无妨。40 岁的时候，我开始练习用左手写字，虽然也很不习惯，但是这种习惯的改变，我觉得对创意训练是有好处的。

可是，任何事总有个极限，要懂得限制的关键在哪里。我弟弟姚仁恭小学的时候问过我一个问题，他问"你敢不敢从桌子上跳下来"，我说没问题。他又问"如果桌子上垫一本书，你敢不敢跳下来"，我说当然敢。他又问"那我垫到第几本书，你才不敢跳下来"，这个问题很好，逼着我去想关于极限的问题。的确，总有一个极限是我不敢的，总有一个高度我跳下去腿会折断。也许仅仅是一本书的差别，但是，过了这个限度就会出现很大的问题。

对创意人来说，最重要的是诚实

Q：您觉得创意人应该怎样去学习？

A：阅读、思考、练习，即古人说的"闻、思、修"。现在有太多东西可以让我们阅读、思考、练习了。我最近正在阅读一本书《盐、糖与脂肪》（*Salt Sugar Fat: How the Food Giants Hooked Us*），作者说，美国的大食品工业在 20 世纪 60 年代就知道，吃糖会把身体搞得很不健康，但是因为甜味迷人就继续添加。我读了，思考了，然后就开始练习不吃糖了。

基本上，我是看到什么读什么，读到不好的就丢掉，读到好的就继续读。

阅读的另一个要点是，有些书虽然不好"吃"，但是对你的脑袋有好处，那么你还是要设法消化。阅读过后，我会试着思考消化，然后练习如何用三五句话把这本书的内容介绍给别人，这对我的学习帮助很大。

Q：您的家庭培养了很多优秀的人才，您的弟弟姚仁喜、姚仁恭先生也都非常优秀，我们想了解下您家的家庭教育环境和教育观念。

A：我觉得做父母最重要的是，即便自己再害怕、再担心，也一定要保持对小孩的信任，因为孩子感受到被信任了，做事情才会自信和自觉。当然，我知道这真的很难。我在高中的时候打橄榄球，常常会受伤，父母当然害怕，但是他们从头到尾都没有跟我说过一次"你可不可以不要打"。那个时候我为了打球常常很晚回家，而我母亲总会在客厅等我，只要我一开门，她就说"哦，你回来了"，然后就回去睡觉了。她不会问我去了哪里，或者抱怨让她等我，其实这样反而会让我有自我管理的压力。

孩子在家庭中受到的教育就像一粒种子在成长中得到的环境条件，需要阳光、水、空气都恰到好处才行——水太多、爱太多都会将其淹死，但是完全没有也不行。

除了信任之外，我的父母本身也很有好奇心。幼时，我妈妈喜欢阅读，她看的杂志我也跟着翻。她看的杂志是日文的，这种陌生的文字对我反而有好处，是一种"阅读陌生"的训练。

我父亲也是一个好奇的人，他每隔一阵子就会拿着一根我们家晒衣服的杆子，跟我们兄弟说去量量这个桌子有多长、那个沙发有多长，然后把家里的东西重新摆一次，所以，我想我喜欢设计跟那个时候的经历大概也有点关系，可以说是父亲拿着晒衣杆教我们做设计。

Q：您觉得对一个创意人来说最重要的是什么？

A：诚实。诚实也是一种能力，能够诚实才能面对问题，才能"看得更真"，才能"想得更深"。不能诚实的话，面对问题的时候，自己骗骗自己就过去了。

创意很容易变成演戏，为了创意而创意。所以，我觉得创意到最后讲究的就是"诚实"。例如，创意人一定要自问：是不是真的很想做这件事？如果真的做得不好，无论已经投入了多少资源，敢不敢丢掉？

你会在台湾地区的创意行业看到一种新的东西

Q：您对近二十年来台湾地区创意环境的变迁有怎样的看法或感受，尤其是对现状和未来怎么看？

A：我开始创业是在 20 世纪 70 年代，那个时代台湾地区的发展是飞速的，追求 GDP 不断增长，很像追求长生不老，忘了这辈子好好活着才是最重要的。那时候，台湾地区的年轻一代刚开始从茧里努力往外爬。

现在的台湾地区处于另外一个阶段。年轻一代已经从茧里爬出来了，正在塑造自己的世界。因为台湾地区的经济不再飞速增长，年轻的朋友在创业的时候不需要紧张到连滚带爬，从容一点儿就能优雅一点儿，优雅一点儿就可以产生一种无所谓的心境。心情太紧张的话，出不来新东西。只要这种无所谓不是在知识上怠惰，而是在生活态度上放慢，我觉得是好的。

很多人说台湾地区现在落后了，但是看起来又觉得好像也没有落后得很厉害。我的观察结果是，台湾地区的年轻人正在孕育着一种比较从容的生活态度。我很喜欢去巷子里看年轻人开的店，他们没有丰富的资源，做出来的每一个东西都要花掉有限资源里的很大一部分，所以那一定是他们心里真正想做的。在那些地方，我可以看出很多新的"语言"，有的以视觉的方式呈现，有的以思想的模式呈现。

台湾地区现在的年轻一代有一点儿像 20 世纪 70 年代开始做云门舞集的林怀民，这种努力差不多需要积累 15 年左右才能显现出来。

ERIC YAO

"
阅读、思考、练习，
即古人说的'闻、思、修'。
"

卢卡斯·扎诺托 ｜ LUCAS ZANOTTO

长期旅居芬兰赫尔辛基的设计师、动画师和短片导演，创建了知名儿童应用程序 YATATOY。他的作品是互动性和想象力的完美结合，充满幽默、童趣和好奇的特质。

在数字化产品鱼龙混杂的当下，如何构建出一套真正有趣并且能打动全年龄段用户的产品？这份探寻卢卡斯思维秘诀的提案供你参考。

"Playful" 才是一切的关键词，我不喜欢假正经的设计

虽然高高瘦瘦的卢卡斯·扎诺托看上去有些严肃，但他最讨厌别人把设计说得一本正经。用他自己的话说，设计的思考是自娱自乐的表达，没有边界。

EYES—Master 是卢卡斯式思考的典型代表作，也是他正在进行的一个项目。眼睛虽然是很简单的元素，却可以和任何物体发生联系，可以瞬间让很多原本静态的事物变得鲜活、生动。在我们采访的时候，卢卡斯已经在筹备EYES—Master 系列的小型展览。

接下来让我们看看这位长着络腮胡、居住在以高冷范儿闻名的赫尔辛基的"话痨"设计师脑袋里到底装了多少宝藏。

卢卡斯·扎诺托学的是产品和平面设计专业，曾就职于不同的国际设计工作室。在工作中，他对导演工作产生了兴趣，并开始专注于动态设计。卢卡斯的作品表现出有趣的创造力和独特、温暖的人文思考。他认为想法不应被技术所束缚，因此他将模拟和数字技术结合，创造出引人深思但表现形式俏皮可爱的电影、App 和装置艺术。他的作品曾在斯图加特国际动画节和渥太华国

森林和高山都有一双圆溜溜的眼睛

际动画节中获奖，还曾获得苹果设计奖、戛纳国际创意节金狮奖等。

如果一定要找到一个词语去总结卢卡斯的设计，那么一定是"有趣"。思考、设计和输出，所有一切的出发点都是为了有趣，无论是商业项目还是他自己的儿童品牌。浏览他所有的作品，你会发现从定格动画、装置小品到电影制作，卢卡斯都保留了幽默、童趣和好奇的特质。

卢卡斯说："我小时候非常喜欢玩乐高玩具，那种握持感、材料和颜色一直留在我的记忆中。之后，在产品设计学校的学习过程也很重要，课程需要用双手来完成所有的建造和创作，原型和形状是思考的重点。剪纸的时候，大家总是想把纸张边缘处理得平滑完整，但是你总会犯一些小错误，也正是这些小错误让这张纸片变得独一无二，有自己味道。"

YATATOY: 从为孩子制作好玩有趣的 App 开始

2014 年，卢卡斯的大女儿开始学习字母表和单词。在教她学习的过程中，卢卡斯很失望地发现许多插画书虽然画面精美，却在内容和互动体验方面不尽如人意，更不要说让小孩子在学习中感到有趣了。因为想要带给自己的孩子更好的体验，这位设计师爸爸开始了自己开发 App 之路。

"目前 App 市场中有太多鱼龙混杂的数字化内容。我看到两岁大的孩子

> 盯着手机屏幕时，感觉太糟糕了，孩子玩手机可以保持三小时的安静，这只是商家利用人体机能让孩子分泌多巴胺而对手机上瘾。"

卢卡斯认为市场上大部分 App 和游戏为了吸引用户的注意力，都使用了过于刺激性的视觉效果与刺激性的音效，而且这些产品让用户不断进行同一动作的操作。在消磨数个小时的过程中，用户以为自己收获了满足感，但其实这只是用户的大脑神经受到了化学反应的刺激，这种重复的刺激使用户的大脑分泌多巴胺。那些号称能让小孩子专注三小时的 App 在他看来并不代表成功，只是利用孩子的感官让他们对无法控制的事情上瘾。

"YATATOY"这个词并没有具体的含义，卢卡斯只是单纯地喜欢"YATA"的音节，并结合了"TOY（玩具）"一词。虽然名字很简单，但是产品线条已经被他规划得相当完整了，包括 App、书籍、影片，甚至玩具等产品。目前最引人注目的就是系列 App 中的 Drawnimal 软件，它通过简单的物理交互帮助孩子离开电子设备，回到真实的世界中去创造画面，同时学习字母。Drawnimal 软件曾被苹果运用于官方商业广告中。此外，能激发孩子们作曲兴趣的 Bandimal 软件则在苹果设计奖 2018 中荣获最令人惊喜 App 奖。

品质可以是一片木头的味道、一款布料的触感

卢卡斯改变糟糕现状的方法是自己创造新的产品，进而影响别人。品质是卢

卡斯不断强调的关键词，它可以是审美、材料、画面，等等。

品质可以是一片木头的味道、一款布料的触感。家长需要让孩子知道某款布料的手感真的很好，并引导孩子去触摸和感受，这会在他们的记忆中留下印象。下次，当孩子再遇见这款布料的时候，他会知道产品的形式，并巩固这种记忆。当然，如果能为孩子提供更好的物质条件，会在开发孩子的天赋和提升品位的能力上有所帮助，但是更重要的是，作为父母自己要有好的品位，并把世界上最美好的部分展示给孩子。

MIXIMAL 软件的特点是融合了动物和音节，和 Drawnimal 软件用于学习绘画和字母不同，它是学习音节的工具。

但是在互联网时代，数字化作品应该呈现的画面品质是怎样的，暂时还是一个未知数。拿 YATATOY 来说，卢卡斯希望通过自己的产品提升用户对画面品质的认知，这需要用户不断地使用、体验和反馈。这就好像说到一本书，大部分人对书本的阅读体验和书籍的质量都有基本的概念，包括使用怎样的印刷技术、纸张的厚度等，但是对于其数字化内容的品质标准还在探索中。

在具体制作的层面上，品质还意味着材料安全、没有毒性。因为小孩子非常喜欢探索，而他们的探索方式就是把一切他们可以拿在手上的东西放进嘴里

YATATOY 中的动物形象

YATATOY 系列 App 中的 MIXIMAL 软件

进行"品尝"，所以给孩子提供的玩具必须使用最好的材料。玩具从某个角度来说影响着孩子的认知，关系到他们的美学意识和选择及思考方式。YATATOY 提供的不是好看的摆设，而是真正具备功能性，为孩子的发展提供帮助的工具。

假如我是孩子……（Staying as kids...）

体验过 YATATOY 之后，很多人都会惊讶于卢卡斯到底是如何掌握与小孩子沟通的精髓的。其实卢卡斯并没有对特殊的样本进行调研，也不是策略性的设计师。他有两个女儿，一个 8 岁，一个 11 岁。2012 年他刚开始做 YATATOY 的时候，两个女儿就是他仅有的样本。他经常指挥女儿帮他试试这个，试试那个，不过她们很快就厌烦了，厌烦到已经知道整件事情的套路。所以，他的方法就是从自己的孩子身上学习。例如，他注意到了某种按钮形状会让孩子更喜欢去互动或者触摸，那么他会在下一次的设计中保留这些设计，这样的观察积累多了之后，整个系统的语言就搭建起来了。另外一方面就是，卢卡斯关注更多的是他自己喜欢什么——假设自己是个孩子，他会怎样看待这些设计，然后用一个孩子的眼光去实现这个想法。

拥有设计师和爸爸两个身份，他也常常在和孩子们的玩耍中被激发出灵感。小时候他就玩乐高玩具，几十年后他以爸爸的身份再次开始玩乐高玩具，这种带点儿穿越性质的体验对他来说很新奇，也很有价值。

秘诀到底是什么？

采访卢卡斯之前，我们抱着一种虚心学习的态度想要请教一些偏向"方法论"的要义，毕竟这个时代，能力和经验就是"现金流"，然而卢卡斯显然不在我们以为的这条路上，他比我们想象的更自由随性：小时候生长在位于意大利北部的阿尔卑斯山脉下的乡村，体验过最真实的自然生活；年少学习建筑时发现自己不喜欢，毅然放弃，改学产品设计；在西班牙遇见自己的爱人，两人一起在柏林旅居 7 年，目前一家人都在妻子的家乡赫尔辛基定居，他在吐槽赫尔辛基人安静、有社交恐惧的同时，却非常享受那里的慢节奏生活。

商业项目于他更像是一个创意实现的过程——这背后的实质也许是帮助品牌销售，但更重要的是找到令所有人都开心的解决方案。他认为听客户的话也是很重要的一部分，毕竟他们花钱购买自己输出的创意，但找到最终能让双方妥协的方法也是很有趣的部分。

图书、App、玩具，以及正在制作的 YATATOY 电视剧都是已经列在卢卡斯"待办事项"清单上的计划，这些在我们看来都是不同的行业，但是对于14 岁就开始组建乐队，现在仍然作为声效指导的卢卡斯而言，只要进入其中一个领域，收获自己的用户，他就会通过不断的尝试校正最终的目标。

鸟海修 | OSAMU TORINOUMI

字体设计师像一种神秘又高深莫测的生物。在鸟海修第一次认识到一个独立的"字"后面是有"人"在制作的时候，他全身的细胞都当即被唤醒。从多摩美术大学平面设计系毕业后，鸟海修进入写研株式会社。1989 年，他与铃木勉、片田启一共同创立了字游工房，拥有独立字体品牌游明朝体、游黑体等，曾获得佐藤敬之辅奖、TDC 字体设计奖等奖项，并参与了以正文字体为主的上百款字体的设计研发工作。

字体设计师所看到的世界是怎样的？同时身为字体设计师、字体设计教育者、字体设计公司掌舵人的鸟海修前辈分享了一份他的做字人生提案。

十年一字

回溯年少时代，鸟海修反复提到他的家乡山形县的风景。乡下是庄内平原，山清水秀，河水清澈，可以抓鱼，甚至在第二次重新考美术院校的时候，单纯的少年鸟海修还常在骄阳下自由地追逐野兔。

20 世纪 60 年代初期，私家车还很少见，住在名古屋的亲戚开着一辆白色的皇冠来山形县游玩。为了能坐上那部车，7 岁的小鸟海修总是认真地帮忙洗车，邻居看到都说别太用力了，把漆都洗掉了。自那之后，他对车的热爱便一发不可收拾。

十几岁的时候，鸟海修进入一所普通的工业高中，在学习机械专业知识和机械制图时，他把对不同粗细线条的深刻感知变成对汽车外形设计的浓厚兴趣。同年，*Car Styling* 杂志创刊，细心的鸟海修注意到这些汽车设计师无一例外都是从武藏野美术大学毕业的，于是便确定了要考美术院校的想法。那时候距离日本高考还有 3 个月，鸟海修的班主任对这位零基础的学生不抱任何希望。虽然鸟海修觉得大学本来就是让大家进一步学习的地方，不过上天没有给他创造奇迹的机会。第一年，他笔试没通过。第二年考试的时候，他才发现还是需要去补习班的。第三年备考的时候，他第一次来到东京，没想到

鸟海修的家乡山形县，平原上的这座山名为"鸟海山"

大都市的空气如此糟糕，直视阳光竟然都不会觉得刺眼，他在怀念家乡的同时发现原来汽车尾气是环境问题的罪魁祸首，但是自己仍然热爱汽车。纠结之中，鸟海修被多摩美术大学平面设计系录取。

一瞬间的决定

Q：您是什么时候决定要成为字体设计师的？

A：最开始的时候，我以为平面设计师的工作就是和那些制造污染源的企业联手做事情，所以并不想和那样的公司一起工作。到了大学三年级，我选了编辑设计和字体设计课程，但只是为了凑学分，也没有特别喜欢。但那时候，我的老师筱原荣太先生——业界非常有名的一位设计师，带我看了很多不同的东西，给日本 TBS 电视台的节目设计标题的就是他。

有一次，我们去《每日新闻》报社参观，有一个小房间是报社的设计室，在角落里有一个人在写美术字，而且用的是签字笔，写得非常非常漂亮。我问他在做什么时，他露出一副很不可思议的表情说："这就是活字的原稿啊。"

当年不像现在有 PostScript 的字库、电脑，那时只有金属活字，到那儿之前我从来没想过，原来活字是要人来做的。做活字是一个什么样的工作呢？我们每天看的书、报纸上面的字都是设计师一个一个做的。平面设计师这个职业要向世人展示自己有厉害的创意，不断地展示自己，而活字却不能展示自己的个性，让人注意不到这是谁设计的字才是好的。

那次我被震撼到了，而且后来才知道坐在那里默默写字的是小塚昌彦先生（小塚明朝体、小塚黑体的设计师）。他带我们一行人参观，并对大家说："对于日本人来讲，字体是大米，是水。"

他说到的水和大米让我想起了童年时代的景象，因为我孩提时生活过的庄内平原就有清澈的流水和鲜香的大米，所以在那一瞬间我就决定了要做这一行。那是大学三年级的事情。

Q：您平日的工作内容有哪些？

A：其实就是做字嘛。一款日文字体要做两万三千多字，包括日本汉字，还有西文、平假名、片假名以及各种符号，其实这些文字的做法都不一样。一款字体是由许多人一起做的，比如，上个礼拜，他们做的字我来一个一个地审，有的太粗或者太细，有的形状不好，审过后再让他们去修改。当然大家是用电脑做的，但如果做假名，我一开始都是先用手绘，然后再数码化。

Q：之前在一篇文章中看过您的观点，"文字反映了一个民族、一个国家的精神面貌"，可以详细说一下吗？

A：这要把日本和中国的情况分开来看。在中国有仿宋，那是模仿宋朝的字体，因为宋朝的字体在中国有一致的公认，而日本却没有。不知道我的理解是否正确：中国的很多字体是由上层决定的，如秦始皇制定篆书，仿宋体也是自上而下的一个规定。

从现代日本字体的形成来看，清朝末年，上海美华书馆的金属活字（明朝体）传到日本，日本人特别珍视这个东西，所以从活字的角度来说，明朝体才算是日本的字。这不是政府自上而下的举动，而是民间的普通大众自发地开始使用和模仿这种字，然后一起讨论这种字怎样做才会易读，怎样做才会漂亮，经过讨论、竞争后才产生了现在的明朝体。所以，在日本只会说这是某个公司的字，而不说是某个朝代的字。

Q：就您的了解来看，日本的字体设计发展得如何？

A：日本的字体行业现在发展得越来越有意思了。具体来说，日本现在最大的字体公司是森泽，它改变了商业模式，把各家的字体综合起来，用一个相对低价的方式进行授权。不过从设计的角度来说，我总觉得森泽对字体设计没有那么大的热情。另外有一家叫作 Fontwork 的公司，他们现在在非常努力地摸索新的明朝体的做法，所以他们做的明朝体就非常吸引人。还有 Type Project 的铃木功先生，他比较善于用计算机的技术手段开发新型字体。而我做字的原则主要是容易阅读、漂亮。因此我觉得现在日本的字体厂商各自都有很鲜明的特征，整体的字体设计行业也越来越有意思了。

Q：在中国，大多数平面设计师在汉字与西文混排的时候都不会使用汉字字体中自带的西文字体，在日本是什么样的情况？

A：日文字体一般都用 Adobe-JP1-6 的文字字符集，里面也有很多西文字符，但是不知道为什么平面设计师们都不用。他们有从照排时代遗留下来的一种惯性思维，总觉得日本设计师做的西文字体不好，我觉得这种思维不对。西文的字间距和日文的字间距是两个完全不同的概念，所以从这个角度来讲，即使是欧美人做的西文字体放进日文里也不见得搭配。我自己做的字体都是采用以我们的理解配合日文的字间距而做的西文字间距，因此我想对大家说，我们的西文字体是可以拿来用的。

Q：可否请您与我们分享一下您的代表作之一游明朝体是如何诞生的？

A：我有一位特别喜欢的平面设计师——平野甲贺，他既是平面设计师，也是书籍装帧设计师。1998 年左右，正是 DTP（桌面出版）刚刚萌芽的时候，有一次他把我和铃木勉两个人叫过去，问铃木喜欢什么类型的书，铃木说他喜欢古代小说，还说了很多作家的名字，其中有一位偏好写老百姓故事的作家叫藤泽周平，平野和铃木两个人都特别喜欢。然后平野说，我们现有的字体中没有一款合适的字体能够排藤泽周平的书——那时，写研不做电脑字体，森泽也不像现在这样出这么多款字体，真正能用的只有那么几款。于是，平野让我们做一款看起来普通、使用特别顺的字。那就开始干吧！

这款新字体的理念就是：适合藤泽周平的小说排版，于是我们开始想能排藤泽周平小说的应该是什么样的字。日文里有日本汉字、平假名和片假名，而且小说一般都是竖排的，所以我们就考察竖排时容易阅读又好看的字是什么样的，汉字与假名的大小和粗度如何匹配才是最流畅的，最后设计出来的就是游明朝体。

带学生看各种古老的文字

Q：作为京都精华大学的客座教授，您认为字体设计教学中最重要的是什么？

A：最重要的是，让学生对文字感兴趣。给学生讲太专业的内容是不行的，首先要让他们感兴趣。比如，在北京，我就会带大家到故宫去看各种各样古老的文字。

Q：具体而言，学校的字体设计教学该如何开展？

A：在大学课程的上学期，我会教大家宋体、黑体等的知识，告诉他们那些字都是一笔一笔手工画出来的。到了下学期有很多种方法，我一般让他

思想や様式でデザイン統一された
複数の文字群をいう。
そして、書体をつくる職業を
Typeface Designerと呼ぶ。

鸟海修的文字塾

鸟海修在文字塾

们做一款假名字体。因为假名是日本特有的文字,保留了很多手写的笔法,所以对日本人来说是非常重要的。

Q：您尝试过一些其他方式的字体教育吗？

A：除了在大学讲课，我还在做一件叫"文字塾"的事情。无论学生、老师还是社会人士、家庭主妇，甚至竞争对手公司的人都可以过来参与这件事。那是一个为期一年的课程，最多可以延长两年，一个月上一次课，这个班有很多对手公司的人都过来参加。课程具体讲的就是假名字体的制作方法。很多人问我，把这些教出去真的没问题吗？我觉得这也没什么窍门，他们首先要学会制作的方法、思路，我把他们带进门，后面的就只能靠他们自己了。

Q：对普通人来说如何欣赏一款字体？

A：我的评判标准是看能不能写，写法是否自然。所谓的"字"是笔的轨迹，是绝对不能脱离手写基础的。所以，一款字要看它是否具有连贯的笔法，这是好字体最基本的一个条件。比如，商家招牌上的字，虽然要引人注意，但如果不是自然的字也是不行的，至少不能让人感觉厌烦。当然，我的专业是做活字，要努力做出表达语言的字，即正文字体，尽量不突出个性，要隐藏自己。不过说实话，那些字隐藏得并不是那么完美，个性还是会凸显。然后，剩下的就是品位了。

"

所谓的'字'是笔的轨迹，
是绝对不能脱离手写基础的。

"

运营字游工房：想做我们自己的正文字

Q：您从1979年到1989年，整整十年都在写研公司，请问这十年经历了什么？又是什么原因促使您出来组建自己的团队？

A：我在大三时遇到小塚先生，听到文字是大米、是水那句话后决定要投身字体设计行业。后来大四要找工作时，我就开始问哪里招字体设计师，结果发现招聘字体设计师的只有一家叫写研的公司，所以我只应聘了这一家，一干就是十年。

但是到了后来，写研公司宣布再也不开发正文字体了，也就是说，他们认为当时的正文字体已经足够了。于是我就拖着铃木勉说："我们一起辞职吧。"结果铃木说："我才不和你一起呢，相同的两个人在一起不是会打架吗？而且咱们俩谁也不会管钱啊。"所以我就叫了片田启跟我们一起，他现在还在给我们当会计，因为他大学学的是经济学。就这样，我们三个人一起创立了字游工房。

Q：创作人最常面对的就是运营问题，您当时是如何应对运营工作的？

A：一开始，铃木勉帮我出了很多主意。到了第二年，京都的大日本网屏公司过来找我们帮他们做 Hiragino 字体。在正式名字出来前我们做了很多企划书，那时候我们才第一次写字体分析之类的内容——为什么这款字是好字。我们必须要写一些资料出来，向那些不懂字体的人介绍这款字的优点是什么，这也给了我们一个很好的学习机会。Hiragino 这一套字就养活了我们十年，不过这款字体我们没有保留版权。

如果问我们为什么辞掉写研来做字游工房，理由就是我们想做自己的正文字。

Hiragino 明朝体有 7 款字重，黑体有 9 款字重，圆体字有 4 款字重，行书有 2 款字重，还有几款假名字体，我们十年里就做了这一套字。在 Hiragino 系列之后，我们就开始着手做自己的游明朝体。后来，铃木勉先生病逝了，因为我年长，公司的经营就完全交给了我这个没有经营经验的人，这条路也就这样勉勉强强地走了过来。再后来，大日本印刷、凸版印刷、《每日新闻》、资生堂等大公司都过来找我们帮他们做自己的字体，或者以原来的老版本做现在的新字体（复刻），再加上我们自己的游明朝体系列、游黑体系列字体家族拓展了，苹果、Windows 系统里也配备了我们的字体，日子才开始过得宽裕一些。

Q：一套完整的日文字体包含了汉字、假名、标点符号、西文，作为母语并非西文的亚洲人，字游工房在进行设计的时候是如何思考的？

A：字游工房里有一位专门负责做西文设计的半田哲也先生，他之前在写研的时候就在做西文的设计，算是小林章先生的前辈。以游明朝体为例，从大小来说，汉字是最大的，平假名次之，片假名再次之，最小的是西文字母；但是从粗细度来讲是反过来的，西文最粗，汉字最细；从视觉效果来说，西文的效果最强，然后是汉字、片假名，最弱的是平假名，是不是很不可思议？这就是我认为的最易于阅读的色调顺序。以西文来讲，我还是希望有手写的感觉，不要单纯画轮廓，那样是做不好的，至少我是这样做字的。

Q：延伸到设计一个字体家族，是如何展开的？

A：字体家族化有不同的思路。业界里有各种各样的思路，常见的一种做法就是做一套最细的，再做一套最粗的，中间的插值运算自动生成。我们的做法是做一套中间的粗度，再从最中间分别到最粗的和最细的，以最中间的来插值，这样修改的会越来越少。

因为游明朝体有很多拓展家族，每一款都做成 Adobe-Japan1-6 的话工作量太大，所以它们都是一点儿一点儿拓展的，比如说，常规体就做到 Adobe-Japan1-3，然后再做到 Adobe-Japan1-6，这样逐渐地发布。2016 年 4 月，游明朝 L 的 Adobe-Japan1-6 版本发布了，同时还有游明朝 E（标题使用）的 Std 版本（也就是 Adobe-Japan1-3）。

■仮名

あいうえおかきくけこ
さしすせそたちつてと
まみむめもやゝゆゞよ
らりるれろわゐゑをん
アイウエオカキクケコ
サシスセソタチツテト
マミムメモヤヽユヾヨ
ラリルレロワヰヱヲン

■英数字

ABCDEFGHIJKLM
abcdefghijklmnopq
0123456789

■約物

、。, . ({[〈《【「『？！々〆

愛悪圧安暗案以位囲委
意易異移胃衣遺医域育
一印員因引飲院右宇羽
雨運雲営映栄永泳英衛
液益駅円園延沿演遠塩
央往応横王黄億屋恩温
音下化仮何価加可夏家
科果歌河火花荷課貨過
我画芽賀会解回快改械
海灰界絵開階貝外害街
各拡格確覚角閣革学楽
額割活株寒刊巻完官干
幹感慣漢看管簡観間関

游明朝体 Pr6 R

到目前为止，我们只是用单纯的粗细变化这一个轴，但是像 Type Project 公司的铃木功先生，他们用的是两个轴。他们做的 TP 明朝，一个轴是笔画的粗细，另一个轴他们叫对比度，也就是横画和竖画的差别，这样两个轴就可以展开一个矩阵。第三种做法是相对比较传统和老式的做法，这种做法认为单纯地改变粗细度是不对的，正文字体只用小字号，而标题字是放大使用，因此应该根据不同的字号来优化字体造型，在西文里面这个叫"optical size"（视觉字号）。现在电脑字库的字号可以无限缩放，而以前的金属活字不是这样的，正文字就那么大，你不可以放大。如果你要做标题的话，需要另外做一套设计，所以它针对这个字号是有适配的。

是数码追随着我们的做法，让数码跟上我们的脚步

Q：Hiragino 字体是大日本网屏委托字游工房来完成的，他们是出于什么目的进行设计的？

A：那时候无论文字还是图像全部需要电脑数码化，而大日本网屏是做印刷机械的公司，他们生产很多很先进的机器，用于印刷海报、小册子之类的印刷品。大日本网屏之前是通过某个公司购买写研公司的文字盘，也就是照排机的文字底片，拿了底片之后自己做字。买一张底片非常贵，

所以那时候他们就觉得这样买不是长久之计，要做一套自己的字，就找到了我，咨询我配一个什么样的字体产品线才够用。我们本来也是做基础字体的，所以明朝体、黑体肯定是需要的。接下来就具体到什么样的明朝体，什么样的黑体。因为他们做的机器主要是印刷彩色的海报、传单之类的，而不是用来排黑白的长篇文章的，所以他们需要那种看起来漂亮的字，比如，广告里块状的文字框中不能出现灰度的不均匀——这涉及汉字和假名的大小比例的问题，以及笔画粗细的比例搭配问题。其实这是比较微妙的，如果做得太细，太长篇的文章就会不好读，假名要稍微做得小一点点才好。我们就是以这样的理念做出 Hiragino 字体的。

Q：Hiragino 的简体字版本"冬青黑"是与汉仪字库一起合作开发的，这样的项目合作是如何展开的？

A：当时是因为大日本网屏想要做简体中文字，我们说做不了，这是中文字，要找中国的字体设计公司，所以我们就找到了汉仪字库。我跟大日本网屏的三桥先生一起来到汉仪字库，跟这里的设计师讲解了 Hiragino 这款字的设计理念。当时汉仪负责设计的是一位非常年轻的女士，大家也不知道对方做字的水平怎么样，所以想要互相交流一下。刚好汉仪的仓库里有一些手绘的字体原稿，我们两个人就一起看了一下。我先讲了自己的看法，和她说这里太粗了，那个好像不稳，然后她也拿出几个字和我讨论，觉得某些地方应该要改。这样在一起看了几个字以后，两个人的想法越来越接近，所以我觉得交给汉仪来做是完全没问题的。日方只有我一个人在审核，中方那边的团队人比较多，他们在理解这款字的理念之后，一遍一遍地修改，然后再给我们看，就这样完成了苹果电脑里的冬青黑体。我们做了两款字重——W3和W6。

Q：用于印刷的字体与用于屏幕显示的字体在设计上有什么不同呢？

A：我们做Hiragino的时候大概是十年之前，那时刚刚数码化，在那个时候之前，我们从来没有做过数码化的字体，所以说得狂妄一点儿，是数码追随着我们的做法，要让数码跟上我们的脚步。其实，用手绘才能做得更细，但是将手绘的东西数码化之后，比如，将做好的一套字拿到屏幕上去显示，会有细节的损失，然而大家会妥协说这是显示的问题，没有办法，就放弃了。因此，我认为要改的应该是数码显示本身。现在分辨率变高了，用于印刷和屏幕显示的字体效果越来越接近了，所以本质上并没有区别。

Q：您有最喜欢的字体吗？

A：确实有。石井茂吉先生设计的石井宋朝（模仿中国的仿宋），还有红兰楷书，这两款都是写研的字体。红兰楷书中的汉字是从中国传过来的，稍微修改了一下，补做了假名。这是很典型的日本人的做法——本来是中国的字体，日本人根据感性认识进行修改，把它做成一款成熟度更高的日文字体。红兰楷书的设计师是桥本和夫先生，而桥本先生的师父是石井先生。这款字非常细，我在写研的时候看过原稿，非常漂亮，看到之后会有那种全身颤抖的感觉。

手感——鸟海修先生强调字是笔的轨迹，文字需要有手写的感觉。

即使是一根线，也要注入生命——山本耀司先生也这样告诉过年轻人。

术业有专攻，也都精彩纷呈——这精彩并不是恰好得到的灵感或者机会，而是他们一生所恪守的全神贯注的品质。

当我们使用这些字体，感受这些字体造就的体验的时候，它们之所以都能够经得起推敲，是因为它们背后的设计师每一笔都不敢怠慢，他们就是构成我们整个世界的人。

(PRO

POSER)

ARTISTIC
LIFE

艺术生活提案者

苏格拉底说过，不经过思考的人生是不值得一过的。人人都在说的生活方式，这些提案者却愿意思考得更深一层。他们在追求心目中的美好生活的同时，也成就了我们很多美好的瞬间。

高幼军 │ TANGO

艺术漫画家，广告人，微博"大 V"，"深夜治愈大师"。Tango 自 2010 年起创作"一日一画"，得到了大量粉丝的关注，曾在纽约、巴黎、法兰克福等城市举办艺术画展。工业设计专业毕业的 Tango 如今已在广告圈里摸爬滚打了十余年，漫画只是 Tango 职业生涯中的一个分支，却是浓墨重彩的一笔。他将一直画下去，因为漫画于他是"先让自己感动"的日常调剂。

怎么在百无聊赖的日常里修炼创造力？又如何善用创造力先治愈自己？或许答案就在 Tango 的这份提案里。

堵车、延误、会议取消，都是被安排的孤独

就算你不记得 Tango 这个名字，也一定被他的画作逗乐过。他擅长用黑白线条以最简单的方式将日常感动他的鸡毛蒜皮戏剧化，生活中常见的图形与意象在他的画里从来不屑待在你我默认的位置上。2010 年，因与朋友打赌，Tango 开始进行"一日一画"计划，每天下班回到家都会抽出半小时画画，而且"三幅能够画完的，决不画第四幅"。

在他眼中，自己的作品从来算不上插画，更像是一份份说明书。因为文案水平有限，他便用视觉创作表达自己头脑里的概念。得益于广告事业的长期磨炼，他从来不担心想法会缺席。采访时，Tango 身着简单的黑色 T 恤，一副狭长的黑框眼镜架在鼻梁上，讲起话来声音沉沉的，语速不快，却有一种洞察世事的力量。在持续了一小时二十分钟的对话中，他提了 35 次"感动"这个词。

"培养创意的唯一方法，就是让你有危机感。"

Tango 感动时，就会画画。而他每天都会感动。"创造概念"一直都是他创作中的关键词。每天目之所及的菜单、海报、说明书、LED 屏、建筑设计都能触动他，"可能文案是听来的一种概念，而我作为视觉工作者，习惯于

这种视觉上的敏感度"。他将生活中感动自己的事情稍做加工，在保留其"有趣"这个基因的基础上，使之更富有生命力。运用简笔画的形式，不喜欢上色，心情好便填些阴影，这些只是为了快速、便捷地把这份感动再现给朋友，以及朋友的朋友。

Tango 从来都是发完微博就跑的性格，不再费心等候着评论与转发。在他看来，"这样就不会觉得每天花了很多时间在做这件事，便也没有心理负担了"。偶尔回来看留言板只是为了捡一些"大家的智慧"来完成朋友圈的作品同步。

这些作品，老少咸宜，许多都与他的猫有关，也有不少关于当代年轻人的焦虑与孤独，每每直击痛点。"我受过广告业的训练，会特别考虑消费者的感受，所以诉求对象是谁，我就一定要让他们看得懂。"Tango 在访问中屡次提到广告从业经验对他的影响之深。

硕士研习工业设计毕业后，他苦于在当时的专业岗位上找不到自己所追求的价值感，同时受到外教课上播放的广告片的影响，"觉得这个世界好好啊，各种类型的产品都可以做（广告），把你笑翻"，于是便一头扎进了广告行业，一做就是十余年。也正是因为频繁地与客户打交道，完全按照对方的预期将方案收拾妥当，所以他害怕自己逐渐失去创造力，于是开始从墙面涂鸦到画杂志封面，接着便是在九年前赶上了微博的顺风车。

他不喜欢别人叫他"漫画家"。首先，由于学习工业设计的关系，他的画简单得像家具装配图，概念永远走在技巧前面。源自生活，却并非一招一式地雕琢生活。其次，"漫画家"的头衔在一定程度上局限了他所做的事情。

"我都是画黑白的画，喜欢极简，尽量真诚，只有一点儿信息，所以我特别受不了客户让我把画填满。"他的生活就和他的画一样，不需要很大的房子，舒服就好；在项目协作中学会妥协，也认清自己的局限性；事情做到差不多就好，不用百分百完美。

他仍记得刚入职扬罗必凯（Y&R）的第一天，带他的创意总监，一位澳大利亚人和他说："创意、想法，就是钱。"这几乎影响了他这十多年来的职业生涯。"所以我一直有这种想法上的危机感。如果没有想法了怎么办？小孩就没饭吃了。这是一种本能反应。"

那么如何才能保持创造力时刻在线？
关于种种创作者调整状态的习惯，Tango 认为都不具备参考性，"他们是凭借生活当中的某种记忆。某个时候很利于创作，他们就永远记住了那个时候的环境，只要碰到那种环境，他便觉得更适合他创作，其实这不一定是正确的"。比起营造环境，他更愿意进行一些心理建设。以抛硬币为例，抛 100 次硬币，若前 80 次出现正面的次数较少，那么之后就更有可能出现正面——

这是日常生活中的错觉。按照概率论中的独立事件的概念，每次抛硬币都是个独立事件，与之前的种种都没有关系。这位本科数学专业出身的创作者，将如此专业的理论用到了业余爱好中："不要想以前做过什么，以后就还要做。你就想今天我画幅画，感动一下自己，找一个有趣的点就可以了。"

这与广告异曲同工。"不能考虑消费者喜欢什么，你就去做什么。消费者喜欢的，你永远不知道。它是埋在里面的，要靠触发事件触发出来。互联网的精神就是你不知道哪个点突然就爆了，所以，你要用生活中不同的点去触动他。我就是要找这种让大家觉得好玩的东西。"

年轻时从 4A 公司出来自立门户，Tango 也逼过自己。当时团队接了一个教师节公益广告，但并没有预算。身边的伙伴忙得连轴转，Tango 只能自己扛，文案、摄影一手包办。数次自嘲文案水平不佳的他，却凭着一句"没有老师，你就读不懂这句话"拿奖拿到手软。他一直相信潜能是被逼出来的，也坦言如今已过不惑之年的自己情愿画得少、活得长，但还是会画下去。

"孤独让你敏锐，人一定要有孤独。"
这位鬼才社会讽刺家已经不满足于在纸上画画了，他想要做产品、做装置、玩跨界、做立体空间。这几年，他终于遇到瓶颈了，"一日一画"成了"一会儿一画"，用广告的操作方式把想法"倒过来、变过去地弄出方案来凑个

数"的套路好像突然间行不通了。"我还是一个产品导向的人，我喜欢做一个东西，看人家用着，而不是放在一本书里，就停留在纸面上。"

从 2018 年起，他的个人展览"任意门"自上海出发，在全国巡回举办。这就是其中一项尝试。展览入口的狭长过道的尽头留下了全场唯一一句文案——"睡不着的时候都在画画"。

除此之外，他不想对观众的解读做过多的引导。展览分为七个主题房间，每个房间都颇有心思地设置了玄机。比如，在猫之屋中，他设置了一个巨大的猫砂盆——当你弯下腰用手把水晶猫砂拨开时，才能发现埋在底下的惊喜。

另一头，在描绘现代人手机依赖症的空间里，他把画错落有致地全印在了地上，深深浅浅的脚印诉说着曾经来的观众看得多么用力。

旁边的启示之屋布满了回形针佛像，而天花板上则投射着上帝的日常。身边的人来了又去，人们可以钻进自己的世界，沉思或是冥想。

尽管在其中，人们还是不可避免地习惯性地掏出手机互相影响，但 Tango 表示，展览的设置是为了互动，而非出于拍照的目的。他始终坚持，内容是 90%，打卡传播只是它的附加值。巡展中，他毫不掩饰自己对孤独的偏好。

那么孤独的时候他会做些什么？喝酒、养猫、寻找信仰，或是一个人在马桶上坐着，什么也不做。

> "人是需要孤独的，不然就会有大部分时间被别人牵着做事，不知道自己是谁了。你就翻手机、睡觉，然后早上起来再做些什么，被一个程序一直调用着。那样你就没有自己的感受了。"

孤独，正是面对自己的最好的时候。"我最喜欢家里停电，突然让你觉得有一个自己都不知道做什么事的时候，我觉得特别好。不要去怪堵车、误点，那样都挺好，因为你本来就很被动，被人安排好了，但是有一个突然的情况出现，这也是被安排的孤独。"他很珍惜在这些碎片时间中游来游去的片刻，往往能迎来他创作上的灵光一闪。"可能我只适合在城市当中创作。"

Tango 出生在上海，小时候，他所在的弄堂里生活着特别多的艺术家。三楼住着上海交响乐团的指挥，每逢周末就举行音乐会，悠扬的器乐声盘桓在楼道上空久久不散。隔壁是美术学院的老师，免费教绘画。老师的太太是大提琴家，也教乐器。Tango 在隔壁学画期间，旁边有成群的女同学进进出出，到处是欢声笑语。"对小男生来说，看到很多女生在拉琴就会觉得这音乐好美啊。"

从幼儿园到高中，Tango 都没离开过家，连外滩都很少去，甚至考大学也就近选择了上海交通大学。直到读硕士时，他心想，不能一辈子都待在这儿，于是收拾行囊北上。自儿时学画开始，到后来选择与其专业毫不相干的广告行业，他的父母一直支持着他的任性。

访谈快结束时，Tango 分享了他在两个城市故事，令人颇受触动。

有一次他回到北京，晚上吃完饭，朋友跟他说："我带你去看个很好的地方。"他说："你就告诉我在哪儿吧，我哪儿都去过。"朋友回他："不要，跟我去。"那时候还没通地铁，为了方便居民，入夜之后故宫的东华门和西华门便可以通行，午门也是开放的。接近凌晨时，他们来到了午门前。广场空无一人，城墙的灯全熄灭了，斑驳的月光洒落在牌匾上，金光闪闪。在一片黑暗的静谧下，历经了近六百年风霜的建筑暗自雄伟。那时的他突然理解了"皇城根的人的傲慢是从哪儿来的"。朋友和他说："这是我谈恋爱的地方，一谈一个准儿。"Tango 回忆道："我一下子觉得，有趣的人或者有幽默感的人其实并不需要有什么技巧，他只要能看到、能分享，就够了。"

另一次是在巴黎。朋友带他去了一个不起眼的小区，其中坐落着一座蜿蜒曲折的桥，在桥拐弯的那个点，相距甚远的埃菲尔铁塔与圣心教堂，居然在两侧低矮的居民楼中被框到了一起。"这是我谈恋爱的地方。"朋友说。

TANGO

"

我一下子觉得，

有趣的人或者有幽默感的人

其实并不需要有什么技巧，

他只要能看到、能分享，就够了。

"

我好孤独

I

我好孤独

one

我也好孤独

a

我们在一起就不孤独了

I one a

alone

TANGO

Tango 说："我觉得恋爱是最能让人变得有创造力的事。遇见感动你的事物，你就会赶紧将感动分享给另外一个人，我觉得这种精神就很好。创作就是从平常之中去发现一个特别特别小的东西和人分享，把人感动了。"

生活在城市中于 Tango 而言就像翻书一样，每一页都能遇见不同的人、发现不同的细节，但翻过就过了。新潮的事物快速更迭，阳光底下满是自己未曾认识的新鲜事，可能它们也借由不同的媒介、不同的道具存在过。人类在斗转星移间往往显得很渺小，却还总要去探索、发现更为微小的事物，彼此感动。

东东枪

"基层广告创意工作者"、个体创作者，曾任职于奥美。他曾出版《六里庄遗事》《俗话说》《文案的基本修养》等著作，参与过众多舞台剧及影视创作。

文字工作者的过去和现在，从来都可以有各种不同的面相，唯一不能改变也不曾改变的，大概是对文字的严谨和尊重。

在用设计抓人眼球、各种新科技先声夺人的时代，如果你仍相信文字有不可取代的力量，并且想强化这种力量，那就应该读一读这份来自东东枪的关于打造文字基本功的提案。

一个文案的基本修养

"To be honest, 我很不喜欢那些把中英文 mix 在一起讲还显得很 enjoy 的人。Personally, 我觉得他们这样 show off 很 childish。这样就 professional 了？这样才 elegant？ Ridiculous！！！"

"半空中一个炸雷, 让人突然想起古巨基的一首老歌儿来——'好想（响）好想（响），好想（响）好想（响）……'"

很多人了解和喜爱东东枪源于他微博段子里体现的绝佳语感和幽默感。如果说到东东枪和其他文案工作者的区别，传统文化带来的语感可能是他最大的特色。一个热爱相声等曲艺的"80 后"，和我们是否真的那么不同？

Q：大家看到了你的传统文化方面的背景和对传统文化的浓厚兴趣，同时你还有着相对国际化的学习背景和工作环境，如你所说，你是"各种兴趣爱好者"，但似乎并不热衷于中西结合。这是为什么呢？

A：我觉得我并不反对任何跨界，因为那些"界"在我心中都是不存在的。我也做过很多跨界的事儿，你不觉得一边喜欢摇滚一边喜欢京剧，本身就是比较跨界的事儿吗？

Q：但你好像并没有打算用摇滚唱京剧？（笑）

A：我是觉得这事儿不能乱来。其实我最喜欢的几个摇滚乐队都是把传统的中国曲艺元素和摇滚结合得特别好的，比如，我从十几岁开始就特别喜欢的子曰乐队，后来的二手玫瑰乐队，还有崔健。我喜欢的相声演员，如马三立、郭德纲也都是那些领域里的改革者，他们都是突破了一些界限才有了一些新的发展。

我自己也不觉得有什么界是不能跨的，我比较讨厌的是没有做出实质的具有建设性的改革而只是瞎胡闹。比如，我曾经公开批评一些摇滚乐队，我觉得他们既糟蹋了传统戏曲又糟蹋了摇滚，没有把任何一个领域的东西掌握好，只是生硬地把他们拼凑到一块儿。我觉得这是亵渎，而不是一个认真的创作者该做的事。

我前几年做了一个舞台剧，叫《六里庄艳俗生活》，也是把相声和舞台剧糅合到一块儿，这是心里有很多界限的人接受不了的。有一次演出结束后，有观众非常生气地来质问我们，因为他觉得这突破了他心里舞台剧的概念。但我觉得人被误解是常态，人不该奢求被别人理解，理解是可遇不可求的。

Q：你的段子里所体现的语感和幽默感非常令人钦佩，能不能谈谈你怎么看待语感？对培养语感有什么样的建议？

A：我觉得语感是一种非常重要的能力，尤其对于一个文字工作者来说，是一种极其重要的能力。语感好了，在很多方面都很省力。

说到语感就不能不谈节奏感，我自己觉得语感、节奏感都很重要。节奏感有时是语感的一部分，有时是大于语感的概念。我前几天还看到林语堂书里的一句话：一切艺术归根结底都是节奏的问题。我看到这句话的时候很高兴，因为它印证了我长期以来的一个想法：好的节奏能够决定很多东西，不管是音乐还是其他。

前几天我上乐理课时，老师问节奏和旋律哪个更重要，最后她给出的答案是节奏。她说因为如果只有节奏没有旋律，还是可以产生很美好的东西，但如果有旋律没有节奏，那会是非常混乱的状况。

文字的语感和节奏是每一个文字创作者应该具备的素质，我最早只是能体会到别人语言里好的节奏、语感，后来才有意识地培养。我培养自己的语感和节奏感主要依靠两个来源。一个是以相声为代表的各种语言表演形式，如相声、电影、戏曲等，里面有很多好的语感、半韵文半白话的东西。相声的语言尤其注重节奏，可以说相声基本上就是一种节奏的艺术。另一个来源就是文学作品。我比较欣赏民国时期的一些作家的东西，那是一个文言和白话相交替的时代，文言里好的节奏在那个年代还有所保存，并带到了白话文里，多看那个年代的人写的东西会觉得现在很多白话文的作者写得一塌糊涂，完全把汉语里好的节奏丢掉了。

很幸运，我很早就意识到这种好的节奏是存在的，而且是可以实现的，所以后来便有意识地做这件事，哪怕发一条微博，我也会有意地去控制语感和节奏。我之所以给自己取名为"东东枪"，有一个原因就是它音韵铿锵，这三个字已经是一个节奏了。

Q：你提到民国时期的作品，这几年很多家长给小孩买民国启蒙语文课本，你会不会觉得这是一个很好的现象？

A：除了《开明国语课本》，我之前还买了一套读库出版的《共和国教科书》。我随便翻了几篇，发现里面的文字节奏都是很好的，文字水准很高。我觉得给孩子买民国启蒙语文课本是对的，如果大家都意识到汉语，哪怕是现在的汉语也可以有很好的节奏，那是一件非常有意义的事。

Q：在你的段子里，除了能看出语感，还有很强的幽默感。当然，语感和幽默感不能剥离地去看，就像相声包袱，早一点儿、晚一点儿都不对，就应该在那个点以那个形式抛出来，所以说到底，幽默感可能还是语感和节奏的问题。

A：说得非常对。

Q：那么，作家里还有没有你觉得语感、节奏感特别好的？

A：我建议大家多读一点儿诗，不管是现代诗人的作品还是古代的作品。相对来说，诗歌是更注重节奏的文学形式。王小波也在《我的师承》里说过，他的文字老师其实是那些诗人，如穆旦。

还有洛夫，他的《长恨歌》以及其他很多作品里节奏都是一流的。拿洛夫和北岛的作品做比较的话，区别是一目了然的。北岛精于意象，但洛夫对中文的节奏气韵有更深的挖掘。

其实大多数古代文学作品都有很好的节奏，从先秦文字到汉赋、唐诗、明清小品，乃至民间的戏文鼓词。这一点不难体会，如《赤壁赋》里那样的节奏，恐怕无论谁都能体会出其中的美感来吧？好的节奏无处不在，多读一点儿，多体会一些，会有影响的。

在现当代作家中，在语感上对我影响最大的是林语堂，因为我从十几岁就很偏爱他，读过很多他的作品，而且到现在也觉得他的语感是真的好。曾经有人在一本书中评价他：文字俊俏，文章一般。我觉得这个说法还算是公道，哪怕我这么喜欢他也得承认，他的文章未必算是一流的，但文字真的是俊俏，语感真的是一流。他的节奏和很多半文半白的文字是非常好的，不过要注意区分。林语堂的很多作品是用英文写成再翻译回来的，那些不能算数，要看他 20 世纪二三十年代写的那些作品。

另外，鲁迅的作品当然也非读不可。在我看来，他不仅语感一流，更是一个洞察力非凡的典型，他是一个很擅长透彻洞察的人。

还有一些好的语感可以从流行歌曲的歌词里找到。流行歌曲的歌词经常会把一些语言上的节奏进行夸张处理，因为它要和音乐的节奏相契合。其实流行音乐和广告本来就密不可分，有很多广告人本身兼有作词人的身份，很多流行音乐的作词人如果来做广告也会是非常好的广告人，如黄霑，因为他们的洞察力以及他们对语言的掌控力都是非常高超的。

乌镇戏剧节主办方（黄磊、赖声川等）

乌镇戏剧节由陈向宏、黄磊、赖声川、孟京辉共同发起，由"特邀剧目""青年竞演""古镇嘉年华""小镇对话"等单元组成，以拥有1300多年建镇史的乌镇为舞台，邀全球戏剧爱好者和生活梦想家来到美丽的乌镇体验心灵的狂欢。融合了文化、目的地和IP等一系列热门元素的乌镇戏剧节，在国内的"造节"中首屈一指。它的成功几分天注定，几分靠打拼？

无论你是对造节感兴趣，还是有意加入这个热门产业，都不要错过这份来自乌镇戏剧节的造节提案。

乌镇戏剧节第七年，仍有人对它是"怎么办成的"感到好奇

午夜时分，乌镇西栅一栋废旧的老宅子里正在进行一场神秘演出。这场演出事先没有任何宣传，甚至都没有写入官方的演出行程册子里，就是悄悄地演，仅此一场。看演出也无须门票，路过便可直接推门进去。能看到这场戏的人，全靠缘分。演出结束后，在场的每位观众还能得到一桶热腾腾的泡面作为夜宵。

这场"偷着演"的戏叫《梦游》，著名演员黄磊和陈明昊都在演员之列。作为这场戏的幕后"主谋"之一，导演赖声川显得有些得意扬扬："都没看过这场戏吧？你看，我们就是能在乌镇干出这些疯狂的事情。"这件事发生在2014年乌镇戏剧节的一个夜晚。

5年后，同样疯狂的事情再次在乌镇上演。从2019年11月1日凌晨1点半持续到清晨太阳升起，一场时长5小时的 "红眼剧目"《从清晨到午夜》在乌镇会展中心拉开大幕。曾经的参演者陈明昊成了导演，他在节目手册中介绍说："这是一个绝望的夜晚。"

被遮蔽了四分之三的舞台、屏幕上播放的即时影像、舞台的暴力拆除，以及

190

肢体的狂躁表达、台词的嘶吼呈现都非常"赶客"，能坚持下来不提前离场的观众才有资格被"邀请"进入一直被隐藏的浸没空间。接下来，时长一个半小时的狂欢，没有剧情也没有男主角，在普通人眼里就是一场场时装秀、蹦迪派对和足球赛，直到现实中的第一缕阳光投射进剧场才告终。容不得你去想看没看懂，更多好戏已接连开场了。

七年之痒

第七届乌镇戏剧节就这样如期而至。

对于初次见面的"新朋友"来说，它是热烈而新鲜的。早上、中午、下午、傍晚直至深夜，一天 24 小时，看戏不打烊。从第一届就一路追随而来的"老粉儿"反倒显得波澜不惊，比起激动，更多的还是一份"回家了"的熟悉与亲切。

在几位戏剧节发起人眼里，它意味着再一次入梦。黄磊说："我跟孟京辉彻夜聊天，一直聊到凌晨 6 点钟，很兴奋！"孟京辉眼中的乌镇是"起床，玩儿，吃好吃的，看戏，看戏，愣神儿；喝咖啡，吃好吃的，看戏，看戏，吃夜宵；喝酒，混沌，胡侃，晕醉，睡觉，做梦"。

10 天的时间里，28 部共计 141 场特邀剧目演出、18 组共计 60 场青年竞演演出、超过 1800 场古镇嘉年华充满了 4.92 平方千米的乌镇西栅景区空间。与此同时，14 场小镇对话、5 个戏剧工作坊、5 个 IATC（国际戏剧评论家协会）青年戏剧评论工作坊、10 场朗读会，为观众展现戏剧艺术波澜壮阔的灵感创意。

戏剧节主办方，文化乌镇股份有限公司常务副总经理邱建卫告诉我们，2019 年的热门特邀剧目的门票（如赖声川导演、倪妮和樊光耀主演的《幺幺洞捌》）在 45 秒内就售罄了。根据后台统计的数据，令大家较为诧异的是，本以为购买戏剧节门票的观众以北上广等一线大城市的人居多，结果今年反倒是嘉兴本地的观众占比最高，其次才是北京与上海。在年龄结构上，相较于其他国际戏剧节，乌镇戏剧节的受众群体也更偏年轻化。

多次来的人很多。"你会发现熟悉的面孔还是很多的，虽然彼此之间可能不认识，你不知道他是演员、观众还是艺术家，但你总觉得去年好像在哪儿见过。这也是乌镇戏剧节很有趣的地方。"原本担心小镇没有戏剧观众基础，会导致迟到、早退的现象，而事实上如今的乌镇戏剧节有着被外界公认的最好的观众群体。

一方面，教育观众的确是个循序渐进的过程。

据说，戏剧大师尤金尼奥·巴尔巴的戏《追忆》第一次在乌镇上演时，近 90 岁的老爷子事先严厉声明：但凡有人在剧场掏出手机，哪怕只是手机亮了一下，这戏就不演了，立刻谢幕下台。吓得黄磊和孟京辉一众守在门口挨个规劝观众："你可千万别拿手机出来啊！我也特想看这戏呢。老爷子一生气不演了，咱谁都看不了！"结果观众都很听话，现场效果也特别好。后来，黄磊在每场戏开场前都假装摔手机成了乌镇戏剧节的一个保留节目。

另一方面，它其实也在主动筛选观众。

有影评人一针见血地指出，近几届乌镇戏剧节特邀剧目的选择风格正逐步稳定。"它旗帜鲜明地拥抱国际当代剧场前沿，欢迎后戏剧剧场实践和当代艺术跨界实践。"当乌镇街头并非专为戏剧节而来的普通游客所占的比重越来越高，乌镇戏剧节也正以更国际化、小众、先锋实验的姿态"拒绝"大众的理解和进入。

除了特邀剧目的高冷（长达 5 小时的开幕大戏《三姊妹》让有些观众在座位上坐立难安）、实验性剧目的"不多加解释"让人感到焦虑或疑惑外，这一点从随时随地开演的古镇嘉年华的一角也得以窥见端倪——两位由外国表演者扮演的充气装置正大摇大摆地在西栅街头与过路游客互动，这时一位男子突然走上前对其挑衅、推搡，两个"大怪物"当即互撞了个踉跄，围观游客

乌镇戏剧节主办方

"

一方面,

教育观众的确是个循序渐进的过程。

另一方面,

它其实也在主动筛选观众。

"

哄堂大笑，随即赶着去看下一场演出。

戏剧节期间，乌镇流淌着的一道无形的分水岭，泾渭分明地划分出所谓的"圈内"和"圈外"。

走在第七年的当口，七年之痒当然不可避免。乌镇戏剧节正面临着如何在"大众"与"专业"之间做出平衡。而从整体运营状况来看，乌镇戏剧节还面临着经济效益和社会效益平衡的问题。和国际上的各大戏剧节无异，乌镇戏剧节的收入主要由票房、政府补贴、商业赞助、社会慈善资金等构成。而戏剧节的主办方更关注的是其平台效应——能否给中国年轻人提供一个了解戏剧的舞台？能否承接中国原创剧目"走出去，引进来"的重任？

"如果仅考虑经济效益，乌镇戏剧节平均每年大概可以卖出 4 万张票，仅票房收入是远远不足以支撑整个戏剧节的开支的，而且所有买了戏票的观众无须再购买景区门票。此外，景区内的住宿和餐饮大都为演出剧团和媒体、嘉宾免费提供，而针对大众，戏剧节期间戏票不光不涨价，还提供折扣。"

然而，没有太多的时间留给主办方及 4000 多名执行团队成员去迟疑，第七届乌镇戏剧节刚闭幕，他们又得投入下一届戏剧节的筹备工作。第八届的主题已对外公布，接棒主题"涌"的是"茂"，寓意来年继续茂盛生长。

"我们每年都在不停地工作，说不清哪天结束、哪天开始，这一届结束的那天就是下一届开始的日子。"

前世今生

乌镇戏剧节能办成，与黄磊有着直接的关系。

坊间流传着一段黄磊与乌镇"掌门人"陈向宏不打不相识的故事。据闻，在黄磊第一部自导自演的电视剧《似水年华》拍摄期间，陈向宏以乌镇管委会主任的身份前来收场租，二人却因拍摄布景而起了冲突。因剧情需要，剧组在河上搭了一座廊桥，桥上挂满各种形状的白灯笼。陈向宏刚好过来收场租，见状便喊："把桥拆了！这里归我管！"黄磊一怒之下就和他吵得不可开交。结果，陈向宏看了剧本之后，直接免去了部分场租。

2003 年，电视剧播出后大获成功，也令乌镇旅游大热，两人更成了好友，这为乌镇戏剧节的开启埋下了一颗种子。

办戏剧节的念头始于黄磊和陈向宏的一次酒后聊天。陈向宏拉着黄磊说："你的《似水年华》让东栅兴旺了起来，戏剧节肯定也能让西栅火起来！"然后两人便喝到酩酊大醉，晃晃悠悠地从桥上回到住处。

路上陈向宏问黄磊："那戏剧节应该怎么搞？"黄磊答："我也不知道啊。"没去过任何国际戏剧节、对操办戏剧节的流程一无所知的黄磊开始到处找"明白人"帮忙。跟赖声川聊，赖导表示："嗯，蛮好的。"跟孟京辉聊，孟导表示："嗯，很牛。"但是都没有下文，毕竟他俩此前谁都没去过乌镇，谁也不知道这个戏剧节到底靠不靠谱。

就这样过了三年，直至 2010 年，趁赖声川导演在杭州做越剧版《暗恋桃花源》之际，黄磊旧事重提，邀请赖声川去乌镇看看。一步入乌镇，赖声川立即敏锐地意识到，眼前这座水乡完全具备举办戏剧节的潜力。

> 酒桌上，陈向宏问赖导："搞过戏剧节吗？"
>
> 赖导答："我搞过台北国际花卉博览会。"
>
> 陈向宏又问："那做戏剧节第一步该干吗呢？"
>
> 赖导答："当然首先要建一个国际化的大剧场。"

陈向宏一口允诺没问题，于是赖声川当即就给自己的好友、著名建筑师姚仁喜打电话。姚仁喜表示电话里说不清，要来乌镇现场看看。这一看，最终促成了乌镇最显眼的地标之一——耗时三年、耗资近五个亿的乌镇大剧院。

首届乌镇戏剧节在 2013 年举办，当时只有六部戏，开幕式就定在乌镇大剧院，

199

热热闹闹的，像搞了台晚会。但黄磊总觉得味道没找对。

艺术家主导

找对味道是从第二届开幕式开始的，这个开幕式的习俗也一直延续至今。

2019 年，在乌镇戏剧节开幕式上，发起人、总监制黄磊和艺术总监孟京辉分别作为正、副主持人一蹦一跳地从两边登台，戏剧节主席赖声川在观众席一片"免费翻译川川"的呼唤声中受邀上场。而作为乌镇景区总裁的"房东"陈向宏只是在宣布开幕时站台，参与了一下集体敲锣。简短的开幕仪式之后，当晚的重头戏——开幕大戏便立马上演。

事实上，陈向宏这个幕后大当家也一直以"行程安排不便"为由低调回避媒体。"我们是独立操作和运营的国际戏剧节，这在全国乃至世界范围都是少有的。"兼任乌镇戏剧节常任总监的赖声川对于"艺术家说了算"这件事也颇为自豪。他告诉我们，自己与黄磊、孟京辉三人有一个专门筹备乌镇戏剧节的微信群，陈向宏不在里面。"陈主任不太管我们日常的一些东西，他对艺术家很放任。我们三个的工作性质、个性都不一样，但有点儿浑然一体的感觉。如果看到这个微信群在这一年里面的所有对话，你们可能会惊讶，因为我们是真的很认真地在做这件事情。"

戏剧节的内容包罗万象，而最终呈现出的结果基本上还是从这个三人小组抛出去的球出发的。"这些球发出去后，当然有很多人都在帮忙。外界对乌镇戏剧节有个误解，以为它就是一个专业团队在做，最后冠上了这几个人的名字。但事实并不是这样。"

整个乌镇戏剧节内部是主席团艺术总监制，每一届邀请哪些剧目、内容都是由艺术家们拍板的。赖声川说，在挑选国内、国外剧目的比重上，大家都一视同仁。"我们就像是一个厨师，在准备今晚的菜。"不过，对于国内原创剧目的缓慢发展，赖声川表示出了一丝担心。以他的观察，每一年在挑选国外剧团的时候，选择非常多，而国内的剧团作品虽呈增长之势，但目前还是以翻译国际大师的原著居多。

充分尊重受邀前来的艺术家们的意愿，这一点在乌镇戏剧节也表现得很明显。今年在枕水酒店雕花厅上演的尤金尼奥·巴尔巴先生的《树》，原定每场只开放 40 个席位给观众，但在主办方一再恳求下，巴尔巴老先生只好松口将每场座位增加到 100 席。

赖声川无奈地表示："这已经是极限中的极限。我和巴尔巴老先生相识这么多年，我知道他这个话一说出来，你就不能动它了。他说只能演 3 场，每场最多 100 人。虽然想要看这个戏的人可能上万，但是我们能怎么办？我们

《树》剧照，现场座位分布在两侧如汽艇一般的装置中，导演亲自安排座位，一边两排，一高一矮，以确保所有观众的视线都不会受阻。

只能坚持。哪怕这些大师想要在这个房间里面只演给 10 个人看，我们也得满足。"

完全放权给艺术家，无论在国内还是国外都并非易事。在中国，经济搭台、文化唱戏更是个普遍的事情。但在乌镇戏剧节上，乌镇除了搭台之外，似乎并没有掺和具体唱戏的意思。

楚门的世界

属于西方的现代戏剧和来自中国的乌镇，一个锐意创新，另一个古老安闲。看起来，两者反差很大，但这种反差也不失为一种特色，甚至成为乌镇戏剧节成功的关键因素之一。赖声川的夫人丁乃竺对乌镇西栅曾发表精辟评论："西栅是一个封闭的空间，它自身所具备的空间感和戏剧性几乎与戏剧天然契合。"

对于乌镇空间本身的优势利用，陈向宏其实比所有人都更有所洞察。在最初与赖声川沟通时，受鲁迅所写的《社戏》启发，他反其道而提出："能不能弄一场戏，演员在船上演，观众在河边上看，这一船过去，那一船过来，一船一船地换？"

这个想法很快就被实现了，还是升级版。西栅内的水剧场是个开阔的露天剧场，主要舞台为 7000 平方米的新月形湖面，湖中断桥古宅，廊榭延展，远方借景白莲古塔和文昌阁，颇富意境。

2019 年的特邀剧目《精灵女王》的剧本便是导演特地为乌镇戏剧节创作的。对于水剧场的充分利用，赖声川觉得特别开心："置身于水剧场中就像是在希腊看一场希腊悲剧，这种感觉既雷同又新鲜，因为我们其实是在东方做这样的事情。"

黄磊谈起曾在雨中的水剧场上演的《青蛇》也同样兴奋。"'水漫金山'那场戏震撼'死'了！天上下着大雨，台上一群小武僧用棍子抽水，水花四溅，太漂亮了！等最后青蛇、白蛇被关起来时，咔，雨停了，巧得跟安排好的一样，观众全都惊了。"

大城市的氛围过于庞杂，也没有明显的边界可言，不具备戏剧要求的"整一性"。而乌镇比起大城市的优势，正是在于其自身完整而高度浓缩的空间。"乌镇的魅力就在于——你跑不了。如果是在北上广，看完一场戏从剧院一出门，瞬间入世，气场立刻就散了。但在乌镇不一样，你看完戏出来，走在石板路上，周围景色如此美好。这水乡古镇凝结了历史，散发着浪漫的人文气息，看戏所收获的感受和情怀会在这里一直保持下去。"

最关键的一点是，乌镇和戏剧同样"不真实"。戏剧就是认真地"作假"，正所谓"假戏真做"。比起其他原生态的"真实"水乡，经过统一整修的乌镇原本的劣势，即其强烈的"不真实感"却成为举办戏剧节的最大优势——因为整个乌镇实际上已经是一场戏、一场梦，一个水乡版的"楚门的世界"。

独特的体验思维

"楚门的世界"背后藏着的其实是陈向宏那套独特的体验思维。

在一次演讲分享中，陈向宏坦言，打造乌镇，自己只做了两件事。"第一，我做了一个壳。第二，往壳里装新东西。打个比方，就像是一个老奶奶，满嘴掉得只剩一颗牙了。我没有把她最后剩下的那颗老牙拔掉，做一副全套的假牙给她装上去，而是做了自然的生态牙给她镶上，给了她一口完整的新牙。"古镇再开发从东栅开始。陈向宏历时半年把中国当时有名的几个古镇都看了一遍，发现它们有两个共同点：所有的古镇都不是一次开发的，且以点经营为主。它们没有考虑完整的产品形态，只有一条街或一块地方像古镇，甚至没有停车场，而乌镇的东栅是第一个设立停车场的景区。

"我要做的是整体风貌——不是做一个点，而是做一片。"于是，陈向宏主导拆掉了所有与老区不协调的建筑，包括 20 世纪七八十年代的宿舍楼、钟摆大厦等，依靠做减法凸显出老房子的风貌。

如果说东栅有资源的差异性，那么西栅就是有产品的差异性。东栅是白天游，西栅是晚上游、度假游，是住下来的旅游。因此，陈向宏在西栅的开发中没有重复东栅的模式，而是将西栅景区作为一个整体，让居民彻底搬迁，由旅游公司统一经营管理。

乌镇景区的民宿经营模式共分两类：第一类，餐饮——"我一分钱都不要。所有老板只要进来，经过了我们的考核，所有收益100%归你，但你要服从我的管理。"第二类，住宿——"我承担成本，包括清扫费以及其他费用，你的收入要和我分成。"

尽管看上去，陈向宏团队免费做了装修似乎吃了亏，但如此一来可以保证在住宿率很低的情况下不浪费酒店的人力成本，最主要的是，可以让游客在体验过程中感受最原汁原味的服务。

为了让大家更好地住下来，陈向宏铺建基础设施，建立直饮水厂，搭建全域覆盖的无线网络，将现代化小区拥有的东西都引进了古镇。

> 在某种形态上，游客对古镇的爱是'伪爱'。他们从北京、上海、杭州等大城市逃离到古镇，但还是要过自己熟悉的生活，所以你必须给他们提供都市生活的便捷。

在陈向宏看来，保持饥饿感也是提升体验感的一部分。"很多人吐槽乌镇的小吃，买个萝卜丝饼要排很长的队。为什么不把萝卜丝饼摊位的规模扩大？这是我的理念：吃小吃是一种情趣，不要轻易得到。我第一次来排队没有排到，那下一次还会来排队。我们的小吃不提高价格，但会限定数量。把量增大就不是体验了。"

令人吃惊的是，西栅景区内的食物竟比景区外还便宜。尽管挑选的产品质量都很上乘，但陈向宏要求大家把平均毛利率降下去。"乌镇景区的餐饮从来不赚钱或者说只有微利。为什么？你不能让整个景区里面都在赚钱。我们是以住宿和门票赚钱的，大家吃到一顿便宜的饭就会忘了晚上要住的房间贵了。所以，我们做老板的要清楚，你要赚得最多的钱到底是什么钱。"

此外，在乌镇景区还有居民证制度，就是成为所谓的乌镇人。对于很多重要的到访者来说，陈向宏能给的最高奖励就是一个"居民身份证"，拿着这个证来乌镇景区就无须购买门票。"来我们这里参加戏剧节的艺术家拿到这个都高兴得不得了，这种身份认同就是体验的最好境界。"

在一片古镇游的热潮下，乌镇借戏剧节完成了从旅游小镇向文化小镇的漂亮转型。正如陈向宏所认为的，文化是放大景区 IP 的最好手段，而这处处都精心设计的体验感也让戏剧节与乌镇更好地相互成就。

当媒体提出关于乌镇戏剧节"七年之痒"的问题时，黄磊的回答很有意思。

这是我们做的第七年，但我们的目标肯定不是做七年，我希望它可以长久，长久到大家都忘记是谁在做了。我的梦想就是未来某一天，真的有一帮年轻人走进乌镇，然后说："这戏剧节挺棒，挺好玩儿的。""哎，为什么这儿有个戏剧节呢？""谁知道呢！一直都有！""当时是怎么来的呢？""咳，管它怎么来的，就玩儿去呗。"

他们走过的时候，边上一位老太太就坐在那里。她抬了抬头，看着天空。她也问我100年以后的乌镇戏剧节会是什么样子，我说，到时候我一定会以某种方式亲自告诉你。可能是天上的一朵云，可能是池边的一潭水，可能是耳畔的一阵风。

青山周平 | SHUHEI AOYAMA

建筑师，B.L.U.E. 建筑设计事务所创始合伙人、主持建筑师，中国北方工业大学建筑与艺术学院讲师。

青山周平曾经提到，自己家的猫春夏秋冬睡觉的地方都不一样，喜欢待的地方会随着时间与心情不断地变化。同样，人们在生活中不断尝试新的事物和体验，改变居家空间的布局和环境，都是为了住得更舒适。

未来的居住空间会是什么样的？这是一份青山周平探索居住可能性的提案。

如何住得更好？向设计师学习

这十多年，许多年轻人在居住上都经历了变迁——从父母家也许朴素但往往够大的房子，到北上广深昂贵且局促的小屋；从各种原因造成的凑合，到"房子也许是租的，但生活不是"的品质宣言。很难说种种自我觉醒不是新一轮的随波逐流，但如果它让你喜欢自己和生活多一点儿，那也许正是我们所试图追寻和呈现的。

请不起设计师，用得起设计思维

大部分人第一次知道青山周平都是因为《梦想改造家》这个节目，将老胡同里的蜗居改造成极简风格的现代居所令人印象深刻，而"日本霍建华"的颜值也让他在才华之外多了一个记忆点。

虽然不能笼统地把电视节目和作秀画等号，但很显然，普通家庭和建筑师发生关联的机会并不多。用青山周平的话来说，设计师服务的往往都是企业、政府或有钱人这些处于金字塔顶端的百分之一的人群。回到现实，多数人住的是开发商批量建设、统一装修的住宅，不同的需求，同样的解决方案。正是这种落差让《梦想改造家》之类的家装改造节目给人们带来了巨大的冲击——"原来我的房子可以变成这样。"

住宅设计是一个辛苦而费时的工作，自然不便宜。但对于普通人来说，"偷师"的机会仍然很多，对此，青山周平有一些小窍门。

首先，多关注建筑师的家居设计产品，它们常用于提供批量家居解决方案。很多建筑师都有设计家具的爱好，他们的知识结构往往会给家居设计带来不同的气质，并植入了独特的家居理念。例如，擅长收纳的青山周平会重点设计收纳家具，这些家具自然也成了一个个关于收纳的解决方案，走进更多人的家里。

此外，多关注专业人士对家居设计的观念和方法。无论真人秀还是各种演讲，人们从中都可以知道、看到有哪些更美好的生活方式的可能性，哪些改造案例还可以成为大家改建的参考。

共享空间比你想的更有空间
说到"共享经济"这个热门话题，人们首先想到的可能是共享充电宝、共享单车、共享办公，但对青山来说，这些共享"太重视经济方面"，共享真正的核心应该是快乐。"因为是共'享'嘛，共同享受。"

共享和人们的利己心理相冲突？喜欢研究历史的青山周平发现，从人类历史的长河来看，私有观念出现的时间并不长，"所以，我们可以怀疑这种现象。

几年前，我们也没有想过有一天可以不带钱包出门，人们适应新环境的能力一向很强"。

关于共享，还有一个隐忧也许是"三个和尚没水喝"。青山周平住在北京的一个胡同里，邻居阿姨每天早上总是顺手把他的院子也打扫了，但住公寓楼的人从来不会突然去打扫大堂。在青山周平看来，这是设计的问题——公寓的设计让人明显产生"门里是'我的空间'，门外'和我没关系'"这样的分别心，而住在全新设计、强调共享的公寓里，也许人的行为也会改变。胡同的居住经验给了青山周平很多启发，他不但研究胡同的生活模式，还试图将这个扁平的事物"立起来"，应用到高层公寓住宅中，把私密的空间稍微缩小，多穿插一些公共空间。不过，无论怎么设计，其要点之一都是控制规模，即使是大体量的开发，也要切割成小块，因为规模太大总是给人距离感，而非归属感。

一些新型共享空间正在不断萌芽。青山周平发现日本也像越来越多的国家一样，把私密空间缩小、公共空间做大。比如，他之前回东京住的 Trunk 酒店客房很小，没有桌子，楼下的公共空间却有舒适的大桌子和酒吧，以及好的氛围，似乎回到了十多年前热门的"大客厅、小卧室"的格局。这对于热衷社交的人来说也许是一个不错的信号。

书店也是一个随处可见但常常被忽视的优质共享空间。它是免费的场所，老少咸宜，不知道去哪儿的时候，书店是一个很好的选择。青山周平发现："现在不用说话的空间越来越受欢迎，我们都通过微信、电话聊完了，见面其实已经没有什么好聊的，所以电影院也好，书店也好，这种没有必要说话的空间在城市中越来越被重视。"

如果要大家完全把共享空间当成自己的空间，自然还存在一些难题，设计师希望这些能交给科技来解决。例如，声音问题、灯光亮度问题可以通过设置亮度、温度、噪声感应器来解决，而哪个卫生间可用也能很容易地通过手机App来查看。

除了设计，技术可能确实是改变人们生活方式的最大助力，它能清除人们很大一部分关于共享的心理障碍和实际难题。不过，最难的可能是和陌生人一起泡澡。青山周平觉得公共共享空间中有两个地方最为重要——吃饭的地方和泡澡的地方。虽然不是所有人都习惯这种"坦诚"相对，但青山周平认为来到澡堂就只是一个纯粹的人，脱掉衣服就是脱掉各种标签，在里面交流是完全不一样的体验。日本除了茶道、花道，也开始有汤道，这让他觉得很有意思，也被他用在了一些中国的旧宅改造和酒店项目中。

像设计师一样终身学习

如何学习，一直是创作人最关心的问题。青山周平觉得电动车是个好工具。"北京都是胡同，电动车是最适合观察这座城市的交通工具，速度太快没有办法看细节，太慢没有办法看整体，所以每天上下班我都会选择骑电动车去走不同的路，看城市中不同的场景。"

到其他城市他也尽量选择汽车到不了的地方，因为这种地方会"保留很多有意思的空间"。在青山周平看来，汽车让不同的城市慢慢地变成同一种风格、同一个尺寸，所以他选择尽量回避使用汽车。

和许多人一样，过去的经历也是青山周平重要的学习对象。他一直保留着做表格的习惯，在书里看到的有意思的东西、思考的东西、项目里的东西，所有发生的事情他都记录在一张表格里面，这也成了他的灵感大数据——"我们大概是在哪里，我们现在大概是往什么方向走，这个表格给了我方向感。"

黄集伟

人送外号"黄集伟大光荣正确于一身老师",专栏作家、出版人、书评家、作家、"语词收藏人",收集中国流行语二十余年,被形容为词语的"标本采集者",曾出版《请读我唇》《媚俗通行证》《习惯性八卦》《小规模荡气回肠》等词语笔记。他对文字异常敏感且有独特的洞察力,总能于字里行间品出别样趣味。

在这个读图看视频的时代，文字依然让我们兴奋雀跃

和黄集伟聊天，是愉快而又有点儿紧张的。

虽然他已年过六旬，但我们在和他对话的过程中，丝毫感觉不到来自长者的俯视，更多的时候像是与一个平辈在交流。他还会时不时地抛出个你完全没听过的网络词儿，让你紧张于自己是不是有点儿落伍了，追赶网络潮流的步子甚至赶不上这位"50 后"。

很多人熟悉黄集伟大概是始于他的专栏《一周语文》——以一字点评一周时事，再收录一些趣词妙句以回顾本周发生的大小逸事，读起来只让人觉得文字这寻常的东西竟然如此趣味十足。

他正职做过老师、记者、图书编辑，但让他"红"起来的反而是这个业余爱好——收集中国流行语。

金句就像超市里的试吃

黄集伟说他这两年非常喜欢一位英国作家朱利安·巴恩斯。"一开始我以为

他是位非常曲高和寡的作者，心里还有点儿小傲娇。"他说，"后来无意中在一个论坛上发现好多网友在收集他的金句，有好几百条呢。"这一"重大发现"击碎了他的小得意之余，也勾起了他的好奇心，他总忍不住要想想或回忆下，某句话是不是真的出自巴恩斯笔下。

有一天，他读到这样一句：爱上别人的时候，我们总是觉得自己不够好。"我看粉丝说这句话出自《柠檬桌子》，我觉得有点儿像他写的，但不太确定。"他回忆道。后来有天他乱翻书，果然看到了这句话，那句话确实出自《柠檬桌子》，但它是一个段落的结尾，而全段是这样写的：

> 看到了一个不善表达的男人最后的孤注一掷。希望以自己最好的状态见到她。23年来不断演练那个故事，希望她愿意听，能喜欢。真是很卑微的心愿，卑微到他默默地把残疾的手藏在床单下面。爱上别人的时候，我们总是觉得自己不够好。

当你阅读原段时，你可以清晰地看到一个卑微的男人，他23年来不断练习着与那个心爱的她的见面，但这所有的努力和付出都不足以给予他足够的勇气，只因他有一只残疾的手。

黄集伟说，这段话的精髓其实是那只被藏起来的手，而这恰恰是你读金句时看不到的。不过，他也并不觉得这是件"坏事"。他说，金句确实有局限性，但当它独立出来时，就有了另外的生命力。而且，当你像个业余侦探，在某天乱翻书看到它的出处，感受到原文的魅力时，会欣喜若狂。

他将金句比喻成超市里的试吃服务："你吃块牛肉干，觉得特别好吃，最后可能有机会从它追溯到那只牛身上去。"

一些美妙的词句，你可能会在不同语境下与它相遇，它会给你带来不一样的感受，这对你来说都是收获。从这点上看，黄集伟看得挺开，他不太执着于一定要在原文中体会某个句子，对于文字，他更关注从中体会到的"切肤之感"。

流行语，让我和时代保持联系

收集流行语二十余年，被问及什么样的句子最容易打动他，黄集伟想了想说："我发现被我收录最多的，是以'我'打头的。为什么会这样？我觉得是因为当一个人说到自己的时候，说到自己切肤之感的时候，就算他语文不好，但他的情感绝对是真切的。当我们有切肤之爱、切肤之恨、切齿之痛的时候，那个话肯定是打动人的，它不是编的，它是真的。"

他说自己总喜欢举的一个例子是"我们家的钱正在来我们家的路上"，这显然是个没钱的人说的话，但它同时充满希望，而那中间的希望是真的。"语言其实就是生活，更多的时候，它是日常。当你把自己的阅历、经验、感慨投射到一个词句里以后，它就变得波澜壮阔、光芒万丈了。"

黄集伟将流行语视为自己认识世界的一个方法，是自己保持语言敏感度的一个途径和介质。他说："你是个文字工作者嘛，当你接受这些泥沙俱下的语文时，民间语文也好，网络语文也好，来自经典名著的语文也好，你可以从中和这个时代保持联系，提升对语言的感知，对自己的表达也有帮助，我觉得是一举多得的事。"

与流行语打交道多年，他有不少自己的体悟，也自然有些观察和总结。在他看来，中国流行语发展这么多年，至今发生了三个变化：越来越节约、越来越晦涩、越来越睿智。

节约，即简化，如"生日快乐"变成"生快"，"乘风破浪的姐姐"被直接缩写成"浪姐"，与此同时，还有一些被创造出来的词语，如"韭精中毒""日抛型男友"，等等。它们的出现主要是为了节约交流成本，三五个字之间，你能品出需要上百字才能表达的感受或情景。与此同时，一些词语的语义还会在这一过程中变得更加丰富、复杂。

晦涩，更多的是指那些需要背景知识方能明白的词语，如前阵子大火的"爬山"，若是对其出处（网剧《隐秘的角落》）没有了解，你理解的"爬山"可能就仅仅是爬山。还有弹幕上常见的"生草"、闲鱼里的"可刀"与"不刀"、豆瓣上的"社会性死亡""互助收尸"……在这个社群、圈层不断涌现，各种次元壁破了又建的时代，大家通过这些隐晦的词句划定彼此、找寻同好，在互相递"暗语"的过程中建立归属感。

最后是睿智。黄集伟说，虽然流行语降低了沟通成本，但从另一个维度上看，它们的复合性大大提升了。他还是以"浪姐"为例，当"乘风破浪的姐姐"变成"浪姐"后，便平白比原词多出了很多暗黑的联想。"现代流行语里，好多词，字和字之间的含义相互借用、渗透，然后形成一个新词。"他进一步说明，"这个新词实际上是一种跨越式引申，它变得非常斑斓，已不再是原来的意思。"

图片和视频都不是文字的敌人

流行语的出现确实为我们的日常表达带来了很多额外的乐趣，但它同时又引发了另一种讨论：流行语的使用让语言变得贫瘠，除了流行语外，人们不会使用更丰富的语言来表达自己。

对此，黄集伟又展现出了他那种"看得很开"的性子，直言这是正常的事，无须过分担忧。"在语言的发展过程中，这是一个正常现象，激动人心的、澎湃的、绝望的，或者旖旎和浪漫的，那就是语言的浪花，但这些浪花中一定带着泥沙、树杈、污垢或者渣滓，它们是一起来的。"他说，"你不可能只要浪花，不要枯枝败叶，那不可能，它们都会有的。所以对于有些人来说，他可能从浪花当中获得了更多，但有些就把它变成套话了。"

他认为语言有其自净的能力，那些不太好、太小众或不再符合时代的词会自然被淘汰。另一方面，人们的文化习得会帮助他们选择在不同的场合使用合适的言辞，就好比你一定不会穿着花衬衫和短裤去参加别人的葬礼。因此，语言贫瘠化虽然是一个现实存在的问题，但流行语带来的内容其实是丰富、全景式的，"它确实有树杈和泥沙，但你可以尽量避免，然后更多地去拥抱浪花"。

"一个能够通过文字表达自己的人，他的思维和内心会变得特别丰富，这是他最大的收获，这个收获是不可与外人道的。"他继续说，"它让你的内心变得细腻或者丰富起来了，这种美好的事情都没法说出来。"

大概正是这种对文字、语言的开放态度和发自内心的喜爱，让黄集伟能够在这个多媒体技术快速发展的时代保持对文字的乐观。"我看过一本书，说汽车出现的时候，有人说人类要灭亡了，因为大家不走路了。但其实人类没有灭亡，慢跑运动还成了时尚。所以，图和视频也都不是文字的敌人，它们可以共存。"

在他看来，阅读对一个人来说仿佛是一种终极归宿。"你很难说它会不存在，我觉得不大可能，"他解释道，"几百年的历史已经证明它是人们精神生活的一部分，它可以完成这个使命。尤其当我们需要系统地接受一门知识，不管是怎样治疗猪瘟还是适应 5G 时代，书都是不可替代的。你的逻辑线索、思考规律和完整表达通过书来呈现是最好的，它是一个完整的闭环。"

但是，就像不执着于读金句还是读原著一样，黄集伟在纸质书和电子书，甚至现在兴起的听书之间也没有任何倾向性。电子书能方便阅读，纸质书在翻阅过程中带来的触感甚至味道亦是其独特的魅力。因此他没有纠结，什么类型、形式的书他都看。"我觉得它们是一样的，阅读就是一种很随机的行为，是一种娱乐。"

和黄集伟聊了一个多小时，从金句到流行语，从语文到写作，从书籍到阅读……几乎每个话题之下，他都抛出了不少我们想要与他人分享的观点，但碍于篇幅，我们不得不有所舍弃，这一过程简直是逼死选择困难症患者了。同时，面对一位从事文字工作，对文字如此敏感、热爱的前辈，我很担心自己写出来的东西在他看来太过粗糙，因此心里颇有种念书时写作文作业的感觉。但，再怎么难也得硬着头皮上，而且黄老师也说了，写作没什么秘籍，你通过写就会写，你只管去写，就像游泳一样，可能你需要教练，但你得自己去游，最后你可能学不到那么熟练，但至少不会淹死。

很幸运能有这次对话的机会，它令我能继续相信文字的力量和生命力，以及文字工作的价值。正如黄集伟说的：如果说写东西最终能带来什么，那就是让你自己的内心变得丰富，它让你的内心不只有黑和白，还有灰、褐、脏粉……

NORITAKE

出生于 1978 年，毕业于长泽节设计学院，目前定居在东京。2008 年开始于日本各地开办个人插画展的 Noritake，因笔触简单，大胆地运用纸张留白，使人与作品产生了良好的虚拟对话空间。近年来，他除了前往欧美展出作品，更与独立书店、时尚杂志等陆续展开不同类型的合作，在多个国家的广告、书籍、杂志和壁画设计中都能看见其作品。

我试图描绘人们最中性的状态

我在收到 Noritake 的回信时，虽然早有准备，但还是被他的认真与细致吓了一跳。

其实我们早就在他的作品里感受到了他的认真，虽然只是简单的线条画，但他画笔下的小人儿依然十分引人注意。无论是潮人们的 T 恤、独立杂志的插图，还是书籍的封面，Noritake 的风格都很清爽——简单的发型，细微的表情，虽然近乎"千人一面"，却总能让人从细节之处发现人物独有的特点。

尽管对 Noritake 的作品了然于心，但我们对作品背后的他不甚熟悉。在现在这个"每人都能做 15 分钟名人"的时代，Noritake 作品的高曝光率与艺术家的低调形成了一个有趣的对比。

当然，他也像人们刻板印象中的日本人一样，有那么一点儿"酷"——他很重视提高自我的感知力，以一种沉浸与专注的心态来工作，并不在乎外界的纷扰。比起担心有人模仿他的作画风格，Noritake 更希望专注于自己与作品。我想，这就是模仿他的人那么多，但他的作品总能从细枝末节中体现出只属于 Noritake 的风格的原因。

他也是一个擅于沟通的人。在采访中，他数次提到需要和客户做细致的沟通，无论在确认合作之前、合作之时，还是在交付作品之后，只有不断沟通才能解决问题。

在阅读 Noritake 的回信时，我感觉他更像是一个生活的记录者。他说："我只是自然而然地接受我看到的和感受到的。"虽然不见得会在画中充分利用它们，但他更在乎这种接受与释放的平衡感。所以，即便在网络上能够搜集到关于 Noritake 的一些零碎过往，我们还是依旧希望 Noritake 先生能继续保持这种神秘，安静地捕捉生活中的微小感知，并将它们用画笔记录下来，让喜欢他作品的人也能在他的作品中体会到平淡的快乐。

黑白分明是我的艺术世界观的主要组成部分之一

Q：为什么会坚持用黑白作画？

A：不是我迷恋黑白，只是在我的创作过程中必须要这样做，而这恰好也是我的感觉。近几年来，我专心致志地创作适当的线条和造型，而以前，我并没有时间去考虑色彩的问题，只能通过实践来完成我的作品，所以我也只能让客户和我一起面对只有黑白的局限情况，并专注于线条和形状。另外，我认为我的作品是一个持续性的项目，而非单一的作品，恰巧黑白分明是我的艺术世界观的主要组成部分之一。

NORITAKE

"

我只是

自然而然地接受

我看到的

和感受到的。

"

Q：为什么只画没有表情的人？是怎么形成这个创作风格的？有什么特殊含义吗？

A：我画的肖像不是完全没有表情的，而是带有一点儿感情。一般来说，如果你仔细看我画的插图，你会发现很多人都在微笑。我想这就是我在生活中感受到的日本人的表达方式，即使是看起来毫无表情的日本人，也有些微的面部表情。因此，我的作品里也有轻微的表情，如笑、哭和生气。我习惯了描绘人们最中性的状态，我觉得这是一种可以传达给很多人的表达方式，是很多人都能理解的表达方式。

Q：现在有很多简笔画作品，但您的作品总是很容易被识别出来。您认为自己的作品里有没有什么东西是别人模仿不了的呢？

A：很抱歉地说，我对当代插画几乎不感兴趣，不过我对艺术和时尚确实有点儿兴趣，所以我对你描述的简笔画不感兴趣，也没有想过要比较。过去有一段时间，我曾经想过有什么是别人无法模仿的，但这样的想法让我觉得很消极。现在我也不去思考这些事情了，我不担心别人，我只是很简单地专注于每一项工作。

Q：如果看到非常雷同的作品，您会不会有不舒服的感觉？

A：我会觉得奇怪。它们是否雷同取决于观众的解读，除非你问画它的人，否则你无法做出判断。但看到这样的作品，我的感觉会不太好。如果你意识到你在模仿，就应该尽早放弃，并尝试建立自己的风格。

我从来没有缺乏灵感的时候

Q：您为明星们制作过演唱会的周边产品，这种需要刻画出具体某个人物的项目是如何进行的，可以举例说说吗？

A：当我画一幅肖像时，我会首先尝试深入了解这个人。我会看很多关于他或她的照片和视频，去观察他们脸上经常有什么样的表情，他们的发型如何变化，这些年他们的表情如何变化，等等。我会尽一切可能地了解这个人，对他产生兴趣，并集中精力去画他。我为一个有很多粉丝的歌手或其他艺术家画肖像时，是因为他们的粉丝喜欢看到他/她，因此我想创造一个能满足粉丝的形式。

Q：客户提出过改稿的要求吗？您是如何应对的？

A：如果客户要求我重画，我会先问清楚原因。如果我能明白原因，我会立即重新画出来。但如果不能达成一致，我会提出进一步的替代方案，一起寻找方向。在这期间，我们就会成为一个团队，一起努力，得出答案。

Q：能不能分享一次印象最深刻的创作经历？

A：我出版了一本叫 WORKS 的书，这本书是对我过去工作的整理和总结。在这之前，我从来没有真正回顾过我的创作过程，因为编辑修改的过程是不可避免的。出版这本书是一个回顾的过程，也是一次穿越过去、再次感受我是如何思考和工作的机会。

Q：您一直都是一个人工作吗？是否有团队？

A：基本上我是独自做插图绘制和设计工作，但我们做的事情远不止这些，我们有国内外的管理人员，有参与活动事务的助理，还有仓库经理。我们在其他国家也有分支机构，也有其他公司的人和我们密切合作，帮助我们生产产品。所以，我觉得我是以团队的方式来推进项目的。

Q：您会有截止日期临近却没有灵感的时候吗？这时会怎么办？

A：我从来没有缺乏灵感的时候。在我听完客户的要求后，再用心思考，一般就能解决问题。而且有时候，一些计划就会顺其自然地落实到位。但如果你遇到了困难，或者和对方沟通不畅时，你可以抽出时间，好好聊一下，基本上就可以搞定了。

我现在比以前更注意要好好生活

Q：最近有什么新作品计划吗？下次想尝试什么样的从未涉足过的项目或类型呢？

A：我依旧在服装业和广告业工作，并且目前没有做任何改变的打算。原本今年我想去海外旅游，但现在进行"海外游"越来越难了，所以我只能

| 取消计划。现在准备静下心来，尽可能慢条斯理地做好眼前的工作。

Q：是否跟中国的公司或品牌接洽过？印象如何？有没有兴趣来中国做项目呢？

A：有时我们会收到来自中国的工作邀请，也会收到来自其他国家的邀请。无论工作邀请来自哪里，重要的是和负责人保持良好的沟通。如果这项工作进行下去会很有趣，双方也一直以礼相待，我就会更加积极乐观地认为合作可以继续进行。但无论哪里给我发来工作邀请，我都会努力思考，尽力推动工作顺利进行。

Q：在职业生涯中会感觉到瓶颈吗？您觉得可以如何突破呢？

A：自从开始工作以来，我还没有经历过任何重大的停滞期。不过，我也有被重大社会灾难打击到的时候。还有，因为身体原因，有时我也无法正常工作。如果你的身心不稳定，你就无法正常地工作，所以我现在比以前要更注意好好生活。

Q：您的作品有种特别的幽默感，在生活中您是不是一个幽默的人？怎么看待创作中的幽默感？

A：我喜欢与人交谈。我想在故事中尽量自然地创造出更多的笑声。小时候，我每天都会给朋友讲笑话，逗他们笑。不过在我成为插画师之后，我并没有把这些笑声变成插画的想法。我想抓住日常生活中一种不舒服的感觉或被忽略的感觉，然后试着画出来。也许因为它看起来非同一般，所以被解读为幽默，但这不是一种让人发笑的方式。

我的朋友知道我不会为他们随便画画

Q：对创作者来说，观察非常重要，您会怎样在生活中观察和记录？

A：我在日常生活中没有尝试深入观察，只是自然而然地接受我看到的和感受到的，也不会在我的画中充分利用它们，因为我认为这是一种平衡感。总之，我很安静，也很专注。

Q：您很爱看书，最近在看的书和喜爱的书可以推荐一下吗？

A：我刚刚买了一本《唐纳德·贾德的空间设计》（*Donald Judd Spaces*），贾德的多个工作室都在里面，很可爱。我想有一天可以去他的工作场所看看。

Q：为什么喜欢中古物品呢？有特别喜欢收集的门类吗？

A：我现在对中古物品没什么兴趣了。我以前经常收集旧存钱罐、文具等，但最近对它们的兴趣有所减弱。不过偶尔发现一本自己喜欢的作者的二手书还是会买下来。

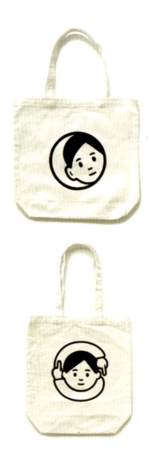

Q：出门必带的物品有哪些？

A：我不喜欢带背包，所以我只带钱包和手机。白天出门的时候，我也会戴
  上墨镜。

Q：您是不是科技产品上瘾人士？平常没有手机或者电脑会手足无措吗？

A：我不得不说我是一个比较喜欢数码产品的人，出门在外没有手机会感到
  有点不安。

Q：您一般会如何安排自己工作的一天？

A：通常情况下，早晨7点起床吃早饭，12点吃午饭，19点吃晚饭，大概
  零点睡觉。我感觉除此之外，我都在工作。

Q：生活中有朋友让您帮忙"随便画一画"吗？您会怎么回复？

A：我生活中没有这种让我帮忙"随便画一画"的朋友。我的朋友知道我不
  会为他们随便画画。

Q：如果不当插画师，您最想要从事的职业是什么？

A：我想我会开一家书店吧。讲真的，虽然有一大堆事儿要做，但是我如果
  有一家只有我爱读的书的书店，我会想在那里待一辈子的。能给小孩子
  开一家书店也会很有趣。

周育如 ｜ AGUA CHOU

留法设计师，热爱观察与记录的生活家，创立水越设计，拥有一个成员自欧美各地学成归来的设计团队，一直思考设计如何为城市创造长远的影响与改变。她曾为台北故宫博物院设计文创产品新形象"妃妃"。2006年发起"都市酵母"计划，目的是让大家爱上居住地，为城市规划美好的未来。

那么 Agua 具体是怎么做的，从哪里开始的呢？她多年的实践经验组成了一份不错的城市更新研究提案，相信有需求的你值得一看。

城市之美，总见于细枝末节

大概因为一个"学"字，"城市美学"这个词总让人生出无限距离感，像一门深奥且有些枯燥的学问。但是，如果你听过水越设计的"都市酵母"计划中种种有趣、生动的项目，你会忽然对这一话题产生浓厚的兴趣，开始产生观察城市的冲动，并思索一座城市的美能给居于其中的人带来怎样的体验。

关于城市美学以及设计之于都市更新的意义和价值，TOPYS 采访了水越设计的创始人、设计主管周育如，并于台北的大街小巷中，跟随他们的城市改造案例了解水越眼中的城市、美与居民的关系。

用细节，引导民众去理解城市美学

自 2006 年提出"都市酵母"计划至今，水越设计已从最初的商业设计事务所逐渐转型成为一个专注于公共设计的工作室，其 90% 的项目是长期且带有公益性质的。

设计之于 Agua 仿佛竞技体育之于职业运动员，总有一定的寿命或期限。她曾说自己 40 岁就要退休，因此在这"短暂"的设计生涯中，将精力投注于她眼中最有价值的事上显得更为必要——"我们想做 50 年之后还有意义的事情。"

这件事最终落在了"城市"这个看似庞大却事无巨细的课题上。翻阅"都市酵母"计划中的种种项目会发现，将最普通的市民带入对城市美感的体悟与塑造是它们的共性，无论是对城市色彩进行重新整理的"台北都市色彩"，为店家设计新招牌的"小招牌制造所"，还是将资源再生概念融入社区公园建造的"台北邻里公园翻转计划"，抑或是挖掘台北万华区文化产业可能性的"万华制造"……

以设计为手，水越设计将"城市美学"这个巨大议题拆解成一个个微小细部，通过对城市中那些或习以为常，或不被重视的"真空内容"整理再造，带领人们去重新审视让城市变得美好的要素。

Agua 解释说，之所以给项目取名"都市酵母"是因为在他们看来，居于城市的每个人都是活化社会的一分子，而他们的很多项目也像一株酵母菌，在一开始并没有明确的目的，而是随着时间的推进找到不同的宿主，发酵出多样的都市美化方案。

如"台北都市色彩"，以色彩整理为基础，延伸出变电箱改造、清洁队装备提升之色彩规划等多个项目，甚至走进校园，让小学生去摸索怎样建立一个有 200 种色彩的好玩的地方。"所以你看，色彩计划是可以有很多活用的方式的，不像教科书那么死板。"Agua 说道。

在复兴南北路自行车物语装置项目中，"都市酵母"与台北市建安小学的学生合作，从小学生对骑自行车的印象出发，探索骑自行车时的奇妙感受

AGUA CHOU

"

我们想做

50 年之后

还有意义的事情。

"

"士林那道光"位于台北士林区一座长 220 米的桥下，有上千个充气"光柱"，内设扬声装置。人们穿梭其间，仿佛悠游于海藻间，还能聆听由"光柱"中发出的刀具打磨声、郭元益百年故事等关于士林区本地记忆的故事与声音

让城市变美，尝试的过程有时比结果重要

不过，城市新陈代谢的速度有时远超水越设计的都市更新计划。当他们把每个项目都看成一个将影响社会十年，甚至五十年的工作，进而小心翼翼地处理时，城市的面貌却正悄然而迅速地发生变化。

在走访过程中，我们循着网上的资料去找寻"小招牌制造所"中的改造案例，却发现其中一些店铺已难觅踪影。这大概是所有城市改造者都要面对的问题：当你的设计对象在不断生长变化时，要如何去接受"遗憾"？另一方面，当市民对自己所处的环境已习以为常，要怎么去说服他们接受你认为更优的生活环境提案？

"这些年我逐渐得出一个结论，因为时间和预算有限，如果在最后一刻还想不到更好的方法，我们就尽全力达到最好的效果。"Agua 这样回应，"有些项目，如市场小学项目，我们会不计时间和成本去做。因为当大家还不了解它的好处之前，它就是一块璞玉，我们负责把它擦亮，让它像宝石那样大放异彩。"

这听上去并不是一个技术含量非常高的应对方法，不过相比于一个确切的结果，Agua 好像更在乎传递城市美学概念、参与都市美化的过程。她说，对于自己所居住的环境，很多人只会批评，但不会亲自去做，自己也曾有很多批评的想法，但当自己下手去做时才发现很多事有很多法规和限制。"当我开始改变，从一个建设者而不是一个旁观者的层面出发，我会觉得更了解我出生和长大的城市了，所以我会鼓励大家更多地参与。"

她还提到，对于城市美感的理解，或许民众不会一开始就有意识，但如果你把事情说出来，并且每天都说，让大家都开始在意，那就会收获更多"推动器"，进而让这个声音传播得更广。"像以前，大家不重视色彩搭配，但现在都会在意，会去注意细节，甚至开始讲字体好不好看，现在我感觉到了环境的提升。"

有人将"都市酵母"视为台湾地区第一个用设计来做社会设计的计划，而Agua 说自己像是神农尝百草，在城市里进行各种实验，然后把这些尝试记录下来。"不管别人觉得有没有帮助，我们现在做的是一些还没有定性的事，但想象阶段是最有趣的时候。"

新与旧，都是城市该有的面貌
城市更新之所以是个复杂的议题在于其中牵扯着多方利益，而且烟火气也是城市的面貌，那些随时间沉淀下来的印记更是城市记忆的一部分，因此，"更新"有时会被视为一种"破坏"，甚至"遗忘"。

面对这样的问题，Agua 和她的"都市酵母"有自己的尺度。在他们看来，与其害怕改造所造成的破坏，不如认识到更新一定会造成某种程度的破坏，只是其程度要经过思考。她指出，水越做的事往往从小实验开始，从中吸取经验，加以优化，然后再做出更大幅度的改变。比如，当你想要改变一万盏路灯，先从五盏开始，用思考与策略流程将破坏程度降到最低，包容可能会出错的状态，这才是真正的可行之举。

但与此同时，她也认可那些被时间深藏于城市肌理之中的"古早气"。她说自己很喜欢市集，因为它让人想到城市构建的初衷——"那种热闹会使你觉得有生命感，有人就在市井里帮人们理发，那是现在我认为一个城市最具独特魅力的地方，它展现了这个城市的生命力到底在哪里，那里的人是活生生的。"

这一层理解渗透在他们的"富冈生活富冈灯""万华制造"等项目中。通过这些项目，他们挖掘本地文化内核，以设计思路加以活化，让那些曾不被重视或被视为陈旧、过时的文化重新焕发生机，被当下所接纳，甚至喜爱。

这或许也是城市的本质，它有众生万象，也有新旧并行；它吐故纳新，也从过往中生出未来。

由"都市酵母"打造的"变电箱城市运动推广"

在德国达姆施塔特工业大学教授马丁·克诺尔（Martin Knöll）的眼中，一些城市再造空间能成为不错的"健身房"。

2018 年，伦敦建筑节邀请全球各地的设计师设计公共长椅。关于这一活动，伦敦建筑节总监坦西·汤姆森（Tamsie Thomson）说："小型公共设施对城市的影响不容小觑。"

华南理工大学建筑学院的何志森老师和他的 Mapping 工作坊成员游走于城市间，尝试以设计回应那些末端的细致需求。

全球各地的城市化进度虽各有差异，但对城市空间的整理和改造却在以不同形式同时发生。这种变化有时来自大刀阔斧的推倒重建，于大开大阖间迅速转换城市面貌；有时则源于生活和时间，靠居于其中的人经年累月地与这座城市磨合，生出一种独特的气质。这种气质会更深刻地浸润在城市肌肤里，然后从各个角落中渗透出来——它是一种生活的惯性。这种惯性无所谓好坏，因为它们带有很多时代的沉淀。如 Agua 所说，台北早些时候画满涂鸦的变电箱是符合那个时代的城市审美的产物，虽然在现代人眼中有些土气，甚至"辣眼睛"，但它的存在会提醒你去关注这个城市的细部。

将色彩应用于台北邻里公园翻转计划的"Bubble Station"（泡沫站）

因此，无论水越的"都市酵母"计划，还是世界各地正在进行的各式城市项目，它们未必会对城市更新给出最优选择，但会让所有这些尝试或实践变成一个个标注于城市之中的高光符号，提醒每个人去关注、思索并在意与城市之美息息相关的一草一木、一灯一柱。这大概是城市美学作为一门学问，最朴素且有意义的价值。

(PRO

POSER)

BRAND
MANAGEMENT

品牌经营提案者

世界上大大小小的品牌，其实就是创立者
和经营者在向这个世界提案。想要的生活，
通过自己的品牌去创造；不止于思考，更
用身体力行去打造闭环，这便是一份完整
的提案。

266

江荣原

人称阿原，阿原品牌创办人，曾投身于出版与文字创意产业，后成立广告公司。2005 年成立阿原工作室，推崇以台湾地区的青草药为素材，使用本地原料、本地劳动力创造出纯手工制作的天然肥皂。阿原的工作场地分为两个部分：一个是金山的农场，毗邻著名的法鼓山、金山寺，阿原大概有一半的时间在那里；另一个是位于红树林的办公室，办公室的窗外就是美丽的淡水河，因为阿原相信，水是文明产生的地方。阿原以敏感的身心，敬天爱人，从土地中吸纳扎实的力量，也反哺土地。

这份关于创意人转型做自有品牌的提案，如阿原所说，不是故事，而是扎扎实实做过的事。

做脸面对我来讲并不困难，可是我想试试做根

转型最大的差别，大概就是回头的次数

Q：您之前是一位广告人，而产品领域是需要很多专业知识的，从广告到产品，这中间的跨度是不是挺大的？这种转变的契机又是什么？

A：我从事广告行业长达二十年。广告是一个非常侧重分析和组织的工作，我们重视市场调查，看重策略，想办法达到一个目的，即所谓的 touch point（客户接触点）。在广告里，所有的东西都被理性分解，感性包装。广告是一个特写的行业，可是完整的面貌在哪里？我希望找到一个全貌，找到一个"真"。

当我愿意去认真改变的时候，就觉得这两者没有什么差别了。唯一不同的是，在从事制造业的时候，我们必须多一些转身的机会来看看自己的产品，而广告是一个不要回头，要一直往前走的东西。我想比较明显的差别大概就在这里——你回头的次数，这个差别影响了每一件事情最后的面貌和价值，这个面貌和价值跟你回头的频率成正比。

Q：这是不是意味着从事制造业其实是一个循环、积累与沉淀的过程，是螺旋上升的，而广告业可能就是一直往前冲的事业，更像一条直线？

A：对。这是我个人可以提出来的这两者的小小差异。

Q：之前做广告的时候，您因为各种压力对身体的影响而选择转型做手工皂，但是品牌做大之后，相信又会有新的压力产生，这样跟您创立品牌的初衷是否有一些背离呢？

A：其实人无时无刻不在压力之中，我们生命中最大的压力是大气的压力，但是我们活得好好的，因为身体有一个平衡的机制，它知道在什么样的压力下该调节心肺功能，在什么样的压力下该调整毛细孔密度。我常常讲"天文人镜"，大自然其实能反映出所有人适时、适地、适活的样子，整个大自然就像人的一面镜子。

就算不做事你也会有压力，你会担心你的社交、自我价值或者经济收入。而如果做事情你就会担心成绩、资源、库存，有的时候"是不是受欢迎"也会成为你的压力。当它多到你无法抗拒的时候，不要去抗拒它，这个时候它就会变成你的一分子。

冬天到了，衣服就多穿一点儿；到了夏天就尽量少穿。一辈子不管做什么，你是离不开压力的，既然离不开，就与它共处吧。

土地伦理和劳动力美学

Q：有些特色品牌认为自己做的是礼物文化，而不是日常用品。阿原对肥皂的设定是怎样的呢？

A："礼"字在还没有被简化时是把一种很丰富的东西呈现到众人的面前。如果你要把它当作送礼文化的话，我更关心的是，它是不是扎扎实实地足以构成"文化"。

阿原不是送礼的文化，而是关于开发礼物的文化。我认为阿原最精彩的部分应该在我们的后场，就像西方的一句谚语，"不要随便翻开别人家里的地毯"，那个才是真相。

我们公司这些年来的宗旨是努力让两件事情不要离开阿原：一个是土地伦理；另一个是劳动力美学。

土地伦理意味着我们要用立体的角度去发展，土地以下的事我们要尽心尽力地去做，而不能只做宣传工作。我们这样做，企业就会有一个根，而不是像我以前在做广告的时候那样去做"脸"。我做过广告，所以做脸对我来说不是很困难的事情。可是做根，我倒想试试看，看一看如果我一样用美、用分析、用整理可不可以做根，因此我们将第一份也是最多的力量用来做土地以下的事情。我们想要试试看如何去种地、养地，

阿原农场月桃收割

阿原肥皂文创系列

去照顾一块土地，这样它就会形成一种内在的力量。就好比如果我读了很多书，可能我在讲话的时候就会很自信；如果我身上带了足够的钱，出国旅行就可以很放心。在我看来，品牌是表象，行为才是灵魂，所以，在土地伦理这方面我们种地、做肥料、有机种植。因此，当我跟你谈个中滋味的时候，我给你的不是形容词，而是动词和名词，因为我们已经做了。

土地以上的部分，我会比较注意我们和供应链的关系，看我们的东西一旦回归到土地上以后，会不会成为土地的灾难和负担。很多人买阿原的产品送礼，经我们统计，送礼的比例已经在30%以上，因此我们的团队在努力尝试，希望所有经过我们的身体流到水里、土里的东西不但不会变成土地的负担，还会成为对土地的祝福，这是我们想要守住的。

说到劳动力美学就很简单了。白领阶层和蓝领阶层一直被分得很清楚，我希望把这个界限打破，因为我们做手工肥皂起家，靠的是工人，每一个过程都代表着人对物的爱惜。劳动本身就充满着汗水和手工的美。

劳动力美学怎么体现？具体来说，我先改变公司的薪资结构，以及公司对工人的看法。一个肥皂师大概需要三年的时间培养，在这么漫长的养成过程中，我们给做肥皂的人的薪水不能比在电脑前工作的人的薪水低。

在教育方面，我们不只教你做肥皂，还会定期组织教授职业道德、药草学、精油学及应用化学的课程，这有点像我所追求的日本的达人精神——你很会做寿司，但是你还要有哲学的思考和文化的底蕴。但是不见得每个人都能自发地走上达人工匠这条路，那么公司就有权力在资源运筹上给予员工压力，萝卜和棒子要同时存在。很多企业都知道，人有脚，随时会走，将投资放在设备等不会走的东西上可能比较安全，但还是要重视劳动力美学和人工，当我们年复一年地这样做时，时间久了你就不用再去描绘什么是企业文化了。

很多人骨子里是怀疑广告、不喜欢广告的，因为他们认为那样的美跟他们有距离，他们也在掂量我在做的事情的真假。我跟团队说，实际行动是粉碎所有攻击最好的方法，不要回避，不要解释，我们只需继续做，更认真地把力量放在我们的农场上。

在阳明山国家公园里面，我们有个半座山那么大的农场，我们选择最古老、最传统的耕种方式，自己运苗、堆肥、找原生的植物。我们每三个月会召集所有人到农场进行体验和培训，对新人进行必要的土地教育。只要通过一件件事把农场做好，将来我们公司的人或者离开公司的人都会带着"阿原真的在做农场"这个真相去和社会接触，届时，阿原只是在包装一个漂亮的视觉画面这种传言自然会不攻自破。

于是，阿原的农场在多年以后变成了很多人观摩的必到之处，变成了很多想要了解阿原品牌的人的必到之处。

团队、营销和产品，都不能贪心

Q：除了肥皂，阿原还有茶、牙膏等，那么阿原在产品线上是怎样计划的？

A：我们的快乐来自药草，茶树、甘蔗、天竺葵、菊花、日日春、玫瑰茄……这些都是我们的产品使用的原材料。当我们在组合的时候，就在想能不能创造出一种更大的价值，用我们中国人的哲学与西方人讲的定性定量来做有区别的产品，通过这个品牌寻找疗愈身心的种种可能性。

中药是充满智慧的材料，在这片土地之上，植物的花、根茎、叶、果仁代表着甜美、丰硕的生态，它们在阿原的品牌思考结构里变成了种种不同的意象，但最后还是会回到人的身上。人的勇气、骨骼就好比植物的枝干，要站得住、撑得起才能长得高；我们要开放，要接受不一样的可能，就像植物有好多叶子向阳，进行光合作用，吸取足够的养分；树干长得越高，根就要扎得越深，才能够撑得住。面对市场上种种外部的变化，品牌最重要的不只是让别人看见你长大了，还要有分享的精神。而花是植物界最伟大的分享者，它开放时吸引蜜蜂、蝴蝶等昆虫采蜜、传粉，植物才有机会繁衍和结果。

所以，我们没有设定应该要做哪一个品类的产品，因为植物的身上还有很大的探索空间，只要它能够让人感受到身心愉悦，我们的资源也能够将其开发和制造出来，我们就会去做，这个自然不限于洗的、吃的、用的，甚至看到的，也许还会是听到的，我们没有给自己设置一个定向的内容。

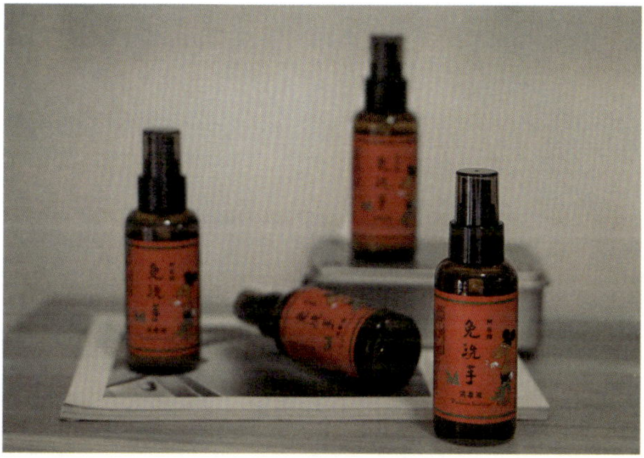

免洗手

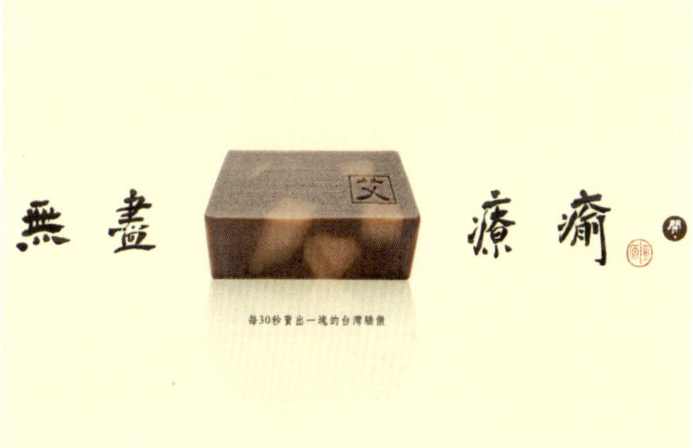

無盡
艾
療癒
每30秒賣出一塊的台灣驕傲

江荣原

———

"

只要通过一件件事把农场做好，

将来我们公司的人或者离开公司的人

都会带着'阿原真的在做农场'这个真相

去和社会接触。

"

肥皂师搅拌材料 / 手作肥皂 / 品质保证章 / 草药师教学示范 / 金山乡亲包装肥皂

托尼·彼得森 | TONI PETERSSON

截至 2019 年年底，瑞典燕麦奶品牌 Oatly 已经进驻中国千余家精品咖啡馆，并通过精品咖啡馆打开中国市场，为品牌和产品找到了更多的销售和传播渠道。而这一切与擅长制造营销机会的 CEO（首席执行官）托尼·彼得森和其核心团队有着绝对的关系。与产品相比，可以说是营销策略让 Oatly 重新回到大众视野并成为备受瞩目的焦点，而比产品更让人关心的是它所倡导的品牌价值观，这对于品牌传播而言是重中之重。

小公司如何做大品牌？托尼的这份提案报告值得读一读。

不是食物品牌的 Oatly，在向我们的生活贩卖什么？

站在瑞典南部的燕麦田里，边弹着电子琴边唱歌的男人就是 Oatly 现任 CEO 托尼·彼得森，这首由他自己原创的《哇，没有牛！》（*Wow no cow*）很短，也很直白、古怪。该品牌甚至还为他们的 CEO 在 Youtube 频道上开设了视频专栏，名字就叫"Toni TV"。据说很多视频都是在托尼不知情的情况下拍摄的，目的就是呈现 Oatly 所倡导的更真实的生活状态及更诚恳的想法。

谈及这一系列视频时，这位身形高大的男人掩面故作崩溃状，直言："I hate that！（我好讨厌！）"但同时他也不否认，被拖至荒郊野外录制这些无厘头的视频，借此来更好地传达品牌精神的确是个不错的创意想法。

这就是 Oatly，直白、古怪正是它最外显的性格特色。这家总部位于瑞典的公司成立于 20 世纪 90 年代，只专注于生产燕麦植物蛋白产品，2016 年开始在美国推广，2018 年初次进入中国市场。在和托尼交谈的过程中，他曾不止一次强调："我们不是一家食品公司，这正是我们和市面上其他食品品牌之间最大的差异。"

比起卖产品，它更想用价值观给你"洗洗脑"

20 世纪 90 年代，瑞典隆德大学的两名科学家研发出了一种酶，它能把固态的植物燕麦转化成液态的燕麦，Oatly 就此诞生。

不同于其他植物蛋白饮品会在产品中添加多种原料，Oatly 只关注燕麦。"我们对大豆、杏仁、腰果、豌豆等其他东西一无所知，我们只知道燕麦。"托尼解释说，对燕麦情有独钟是因为它对人体非常有益，而且在种植燕麦过程中只需要消耗很少的水和其他资源，不会对地球造成太多负担。

Oatly 的魅力正在于其看似矛盾的价值主张，它在利己主义和利他主义之间架起了一座桥梁，消费者既可以获得健康，又能对环境的可持续发展做出贡献。但令人讶异的是，它的广告从不强调产品能给你带来的好处。"譬如说，一天喝三杯燕麦饮可以降低你的胆固醇。这是有科学依据的，但我们不会拿它来做宣传。"

比起产品的功能，Oatly 更注重强调品牌的价值以及健康的生活态度。Oatly 将 sustainability（可持续性）、nutrition & health（营养 & 健康）、trust & transparency（信任 & 透明）写入产品理念，从不欺骗用户，它会很坦诚地标明成分，而这点对现代的消费者（特别是素食群体）来说尤其重要。托尼说："我们所做的一切都只是为了让世界变得更好。这也许听起来很天真，却是事实。"

品牌重塑的重点是说人话

一个理念再伟大，如果采用一种说教性的方式来传达，大家也不会爱听。而 Oatly 采用的方式则更像人与人之间的闲聊、侃大山，这种与消费者的直白对话首先体现在品牌包装上。

2013 年，约翰·斯库克拉夫特（John Schoolcraft）被任命为创意总监后，为品牌形象注入了新的活力。在此之前，斯库克拉夫特对燕麦饮一无所知，而品牌旧包装也没有给他多少启发。"这既无聊又无趣，"他说，"它看起来和其他品牌没什么两样。"

这次的品牌重塑由约翰·斯库克拉夫特与托尼·彼得森联手进行，同时还邀请了瑞典有名的广告创意公司 Forsman & Bodenfors 参与，该公司的代表作就是沃尔沃的广告片《史诗级一字马》（*The Epic Split*）。新的包装美学是刻意不加修饰，"我们想让它看起来就像是在地下室制作的一样"。包装上的字体和图像皆是手绘，除此之外，包装上还能看到大量的文字信息——结合了意识流的思考，以及对品牌使命认真而随意的诠释。

营养成分表的边上印着调侃式的话语——"无聊，但很重要"，他们甚至还把"这喝起来像屎一样"这种负面评价也毫不掩饰地印在了包装盒上。

Oatly 旧包装

品牌重塑后的新包装

285

Oatly 的户外广告也很像街头艺术

没有太多预算的 Oatly 却很舍得在包装上砸银子。鲜艳的颜色、充满泡沫感的字体，以及满是叹号和问号的文案——这一切都是为了激发消费者的购买欲。

> 消费者把我们的产品拿在手上，这就是最大的沟通平台。

据说，斯库克拉夫特这么做是为了告诉大家，Oatly 是由一群有血有肉的人运营的，而不是一个机器人委员会。他还做过一些过火的尝试，如将自己的私人电子邮箱附在了 Oatly 的包装后面，不喜欢该产品的顾客可以给他发送邮件，然后便会收到一首原创诗歌或一篇短篇小说作为安抚。当然，可想而知，这个尝试最终在六个月后因邮件积压过多无法一一回复而被迫叫停。

让产品进入消费环境，借机上位是个技术活

Oatly 旗下有一款畅销的产品叫 Barista（咖啡大师），顾名思义，就是用来代替牛奶添加进咖啡的饮品。近年来，咖啡的普及度越来越高，这也给 Oatly 创造了更多进入咖啡市场、渠道的机会。

在托尼看来，绿色消费的重点正在于咖啡或茶，选择咖啡作为市场扩展的切入点可以让产品直接进入消费场景。于是，除了牛奶和豆奶，不少咖啡馆的餐单上又多了一种全新搭配——燕麦咖啡。

无论从瑞典拓展到欧洲其他市场，还是从欧洲市场拓展到美国及中国市场，咖啡策略是 Oatly 目前最核心的策略之一。先用咖啡渠道切入市场，提高品牌知名度，再顺势打开市场，探索进入其他渠道的机会。

在美国，精品咖啡品牌 Intelligentsia Coffee 和 Blue Bottle 已开始向顾客提供 Oatly 的产品作为牛奶的替代品。在国内，Oatly 也进军了 Seesaw Coffee、Little Bean、DOE 等精品咖啡馆。目前，Oatly 已在中国超过 1000 家咖啡馆推广了自己的产品。

谁是 Oatly 目前最重视的竞争对手？托尼没有给出一个明确的答复。但"反牛奶"一直是 Oatly 最剑走偏锋的主张之一，除了因为部分消费者喝牛奶容易造成乳糖不耐受的情况外，Oatly 还认为与其将燕麦喂给奶牛，再让奶牛产奶给人喝，还不如直接略过牛的部分，让人直接饮用液体燕麦饮呢（或许环保主义者认为，这是一种更节约地球资源的方式）。

尽管 Oatly 曾因"反牛奶"而吃了官司，并从此被禁止在广告宣传中提及牛奶的负面信息，但 Oatly 还是在网上发起了一场名为"谷歌牛奶"（Google Milk）的活动，让大家自己去谷歌搜索牛奶，这样你就知道牛奶是个什么德行了！

Har du provat att googla mjölk någon gång? Det borde du. Eller så kommer du till
Way Out West Talks och kollar när Alex & Sigge gör det.

Läs mer ›

TONI PETERSSON

"

绿色消费的重点正在于

咖啡或茶,

选择咖啡作为市场扩展的切入点

可让产品直接进入消费场景。

"

不过 Oatly 并不会针对其他植物蛋白的食品。相比于其他植物基的乳品（如豆奶、杏仁奶等），Oatly 进入咖啡市场的优势在于：燕麦饮更适用于做咖啡，可拉花、打奶泡，甜度也适中，不会遮盖咖啡本身的风味。

把燕麦饮卖给中国人，先得创造一套全新的概念

在中国市场和在欧美市场售卖燕麦饮可不是同一码事。

托尼告诉我们，一种叫"燕麦牛奶"的东西在中国其实早就存在了，只不过它是用牛奶及大块的燕麦粒混合而成的，喝下去还得嚼一嚼。而 Oatly 的燕麦饮是由植物燕麦直接转化而成的液体奶。（说实话，喝起来的味道其实跟豆奶很相近，但更清爽一些。）

为了在中国市场区分这两种完全不同的"燕麦奶"，Oatly 创造了一个全新的中文标识——通过在汉字"奶"的上面加一个草字头，Oatly 硬是在自己与其他"奶"之间划出了明确界限。托尼表示："如果在美国，Oatly 可以直接推出一款燕麦磨粉机，人们看到它的说明书马上就能理解它是什么，如何使用，为什么要喝它。而在中国，我们需要先将植物蛋白饮品这个对中国受众来说还比较新的概念传输出去，然后再创造一个新的产品类别。这也是我们在不同的市场推广策略上最大的不同。"

牛奶 豆奶 杏仁奶 燕麥奶
全部都叫奶，唔通全部都係奶？
動物奶個奶，又係咪植物奶個奶？
明明大家都唔同，點解要叫一樣名？

呢一個字，代表我哋係種出嚟
我哋可持續發展
我哋比牛奶減少排放二氧化碳高達80%*
我哋都係地球好朋友

植物荔　應該有自己嘅稱呼！

無論你飲唔飲植物荔
如果覺得我哋講得有道理
不如都一齊同全世界講：

植物荔係荔　唔係奶！
（睇唔明唔緊要，但唔好扮睇過呢個字，因為我哋都係咁咁造出嚟）

或许在欧美国家，Oatly 可以凭借 Barista 这一个产品主攻精品咖啡市场，就能取得可观的成绩。但在中国，精品咖啡店其实撑不起这个体量。

此外，Oatly 认为自己能抢占欧美市场的原因之一在于"反牛奶"的意识在欧美一直存在，这样用燕麦奶代替牛奶便有了非常可观的用户基数。而同样的思路放在中国的市场可能就没有那么好的效果，因为牛奶在中国的渗透率比不上欧美，"反牛奶"的思路也就不一定能达到预期的效果。

"欧洲和美国的市场关联度很高，通常情况是品牌在美国成功，在欧洲也能成功，但品牌在美国、欧洲成功不代表能在中国成功。"Oatly 中国区品牌总监赫伯特（Herbert）在一次访谈中如此说道。

小公司如何做大品牌？别忽视小团体的力量

从瑞典走向世界，Oatly 的快速蹿红引起了全球的关注。从公司的人员构成来看，Oatly 更像是一家广告公司或设计公司，而非传统的食品公司。将大部分的工作重心放在品牌传播上，是 Oatly 成功的主要原因之一。

托尼认为，公司招募了很多广告创意人员及科学家，拥有不同背景和不同生活方式的一群人，因共同的可持续发展理念走到了一起，这是件很有趣的事情。"我们将严谨的科学态度、感性的情感和有趣的创造力疯狂地结合，这也造就了 Oatly 的与众不同。"

据说，Oatly 的许多创造性决策其实都是由一个小团队做出的。如上文提及的那次令 Oatly 真正"出圈"的品牌重塑案例，仅由包括 CEO 托尼和创意总监斯库克拉夫特在内的四人牵头。

Oatly 认为，当决策涉及太多不同层次的人时，其实很难为品牌设计出一种独特的声音。他们建议创业者可以先通过市场调研来确定自己想要传达的信息是什么，然后找一个值得信赖且有创造力的小团队来与消费者沟通——对于一家新成立的公司来说，这个团队可能是一位极具天赋的朋友；对于更成熟的公司来说，可以是一个代理机构或公司内部的设计团队。

> "你不可能让每个人都开心。但如果你只保持中立，就不会有人注意到你。"

全球正在掀起一股植物蛋白饮品的浪潮，尤其在欧美市场，老牌的植物乳饮料品牌业绩迅速增长，新兴植物乳饮料品牌也在兴起，例如，被达能收购的 WhiteWave 和 Blue Diamond 旗下的 Almond Breeze 牢牢占据着美国植物乳饮料市场的前两位。身处其中的燕麦饮占据了植物蛋白饮品市场的重要份额，这个数据也在逐年增长。

不过，目前各国市场都面临着同样的窘境——一些精品咖啡店和咖啡师对牛奶还是有着极大的忠诚度。如何让市场开始认识 Oatly？如何让渠道和合作伙伴更愿意接纳 Oatly？如何因地制宜地宣传品牌独特的可持续理念？这些都是品牌进入异国市场会面临的问题，当然，Oatly 也在迎接这些挑战。在上海，我们看到除了咖啡店，Oatly 也在一些商超和特定的餐饮店铺设渠道。除了直接饮用和咖啡调味的产品之外，Oatly 也在尝试制作冰淇淋等产品来拓宽自己的产品线。

这是一个消费者比以往任何时候都更加知情和聪明的时代，他们对产品的味道、配料表、营养成分和对环境的影响有更高的期望。这些都提高了品牌的门槛，也创造了食物类别的新标准和新趋势。

或许，坚持宣称自己不是食品品牌的 Oatly，只不过是在单纯地出售产品之外更注重价值观念和生活方式的输出。你可以把它理解成一位环保卫士，一位用心良苦的教育专家，一位直白又古怪的创意人士，或是集结了上述所有的生活方式的品牌。

永野大辅 | **NAGANO DAISUKE**

银座索尼公园项目负责人，索尼株式会社社长兼首席品牌官。

索尼公园位于东京中央区银座，其前身是地价曾居日本第三的索尼大厦。2017 年 4 月，索尼宣布索尼大厦将进行全面重建，重建规划分为大楼主体和索尼公园两部分。索尼公园已于 2018 年 8 月对外开放，展览演出与餐饮购物一应俱全，绿地公园与开放空间都是它的代名词，这可是银座周边少有的自由地带。

为什么要在寸土寸金的市中心辟出一块空地？索尼公园本身与品牌又有什么必然联系？这份来自索尼株式会社社长永野大辅的品牌提案，或许能帮你理解索尼为何任性。

"全东京最贵的公园"，是索尼对城市街区的思考

将拆除的索尼大厦外立面截出来当纪念品售卖——索尼将索尼大厦的外壁零件拆装成为"索尼大厦百叶窗纪念品"公开售卖，销售收入全额捐献给由日本儿童救助会（Save the Children）与索尼共同企划的"儿童灾害紧急复原项目"；把原大楼顶上的标识灯箱拆下，挪到如今的索尼公园中做装饰；在全新的索尼公园修建起来前，在原大楼的地下四层及地面先弄了一个临时的索尼公园……感觉他们把能利用的都利用了起来。

银座索尼公园项目负责人、索尼株式会社社长兼首席品牌官永野大辅说，索尼公园的概念在日本建筑界可以说是独一无二的。在我们看来，这种在拆旧楼和建新楼之间见缝插针，在原址上弄个公园的做法，估计在全世界范围内也不算常规操作。

2018 年 8 月 9 日，在东京最著名也是最繁华的商业区银座，数寄屋桥十字路口，索尼公园正式对外开放。其地面层不算太大的绿地仿佛一个呼吸口，为这片紧凑的区域带来了一段不太合拍的舒缓节奏。

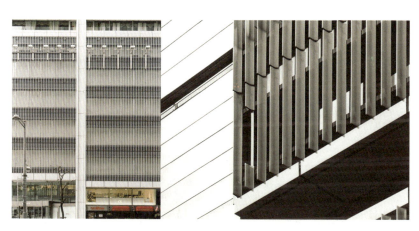

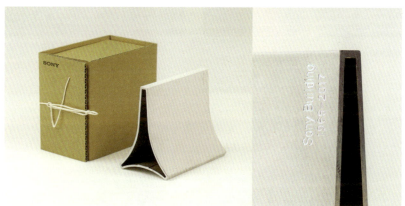

用索尼大厦外立面制成的纪念品，上面印有"Sony Building 1966—2017"的字样，
售价 5000 日元（约合人民币 310 元）

索尼大厦

不能再代表索尼的索尼大厦

索尼公园的所在地是原来索尼大厦的位置。索尼大厦建成于 20 世纪 60 年代，当时正是二战后日本经济腾飞之时，东京地价高得惊人，据说房价最贵时，一个东京的总地价甚至足够买下整个美国。要在这真正寸土寸金的地方建一座大楼，即使在索尼公司内部也是有争议的，要知道，1964 年，由于在彩色电视机市场上的失利，索尼一度在倒闭边缘徘徊。但擅长公关营销的索尼创始人之一盛田昭夫坚持认为，索尼需要在银座有一栋展示自己的大楼。于是，索尼找到建筑师芦原义信，最终，这座承担着品牌门面作用的大楼于 1966 年正式落成。

这座大厦被认为是日本后现代建筑的代表作：外立面嵌入的 2300 个显像管电视在当时被视为极大的创新，而面向十字路口的小广场，即索尼广场也被认为是其设计的独特之处。在过去的 50 多年里，索尼大厦在银座见证了这个企业如何一步步走上神坛。

但是永野大辅表示，在索尼大厦落成后的几十年里，索尼的业务范围不断扩张，这座"电子产品制造商索尼"的展示大楼已没有办法代表索尼了。与此同时，2000 年左右，索尼公司经历了前所未有的危机，外界认为这个曾经象征着先锋、创新的企业开始"一成不变"，而那栋伫立在银座 50 余年未曾改变的大楼，更好像是这种负面评价的佐证一般。

永野大辅说，1966 年左右，索尼的业务只有电子产品，因此索尼大厦就是个巨大的电子产品展示厅，这个设定把大楼牢牢框住，以至于它不能为其他业务提供展示的空间。因此，2013 年 5 月，时任索尼首席执行官的平井一夫决定，改建索尼大楼。

但是，怎么改才能既符合当下索尼的企业形象，又不至于在不久的将来再次面临如今被人诟病的不思变革的问题？索尼的回答是：建一座公园。

做别人不做的事

"别人做的事情，我们就不做。"永野大辅半开玩笑地说道，"为了奥运，东京很多大楼都在翻新或重建。大家建，那我们就不建。"

2017 年，索尼大厦被逐层拆除后，他们没有一鼓作气地完成新大楼，而是将原大楼的地下四层及地上部分设计成了一座"慢闪"公园。

别人在做，我们就不做——这看似孩子气的任性实则是永野大辅为了说明索尼基因中"做别人不做之事"的精神，这种企业精神内核不仅体现在那些不断突破行业的产品中，也早早显现于索尼大厦上："50 年前索尼大厦的建设理念就是要打造一个开放空间，做别人不做的事情，让索尼大厦成为银座的花园，所以我们继承了这一理念，建了这个公园。"

一度代表着创新的索尼大厦成为索尼不思变革、止步不前的佐证

即将拆除的索尼大厦在其外立面上打出了
"SEE YOU IN 2018！"（2018 年再见！）的字样

落成后的索尼公园

永野大辅

――――

"

别人做的事情，
我们就不做。

"

一个向路人开放的空间是当初盛田昭夫和芦原义信在索尼大厦设置索尼广场的初衷。如今的索尼公园可以说是对这一想法的终极演绎和现代化改写——不是开辟大楼的一角，而是要完完全全地打开自己，成为一个没有限制和边界的开敞空间，在银座林立的商业场所中，前所未有地建一座公园。

这是个看似拍脑袋、为了博出位做出的决定，但永野大辅指出，公园不设限的特质让新大楼有更多的发挥空间，能承载企业未来的各种可能性。

在永野大辅看来，所谓公园不在于草地或绿植，而在于留白："对每个人来说，公园的作用都是不一样的，有人在这里散步，有人在这里慢跑，有人在这里吃盒饭，有人在这里睡午觉，也有人就是随便逛逛。公园没有条条框框，这样的留白让人们能自由发挥，做想做的事情。"

基于对公园的这一理解，索尼公园在设计过程中着重考虑了留白空间的设置，而后才进行店铺规划，二者比例大概为 7 ：3，这样的设置放在银座无疑是奢侈的，但永野大辅觉得，这样的空间能让更多可能性进入索尼公园。"未来肯定会变化，公司以后是什么样我们控制不了，因此公园的形态更符合时代潮流。"

索尼公园在开业之初的一个多月里，在没有设置任何店铺的地下二层打造了一个音乐轮滑场，每周六安排 DJ 表演。整场活动不仅是向带着索尼 walkman 在溜冰场上挥洒青春的一代问好，也在提醒着人们索尼曾引领的流行文化风潮。此后，这里还举办过各种艺术展览和主题活动，有的仅占用一层楼，有的会串联起不同楼层的空白场地。

在介绍索尼公园的各种活动时，永野大辅特别提到他们每周五晚上举办的免费音乐会，他将其称为"一次偶然的相遇"。索尼公园只会提前一周在社交平台 Instagram 上公布最新的音乐会安排，而那张宣传海报上面也只是告知时间和表演者，至于表演者唱过什么歌、谱过什么曲、将在现场表演什么，一概不提。他们还特意在官网上骄傲地强调，索尼公园不提供任何艺术家的信息，不接受预订，表演内容如有更改也不会另行通知。

对于这种安排，永野大辅解释说，互联网剥夺了人们太多"偶然相遇的惊喜"，喜欢什么、关心什么，只要在搜索栏输入几个字就可以轻松获得。当我们越来越多地被这些指向性明确的信息包围时，一些不确定因素可能带来的意外收获会让人特别欣喜。

对鲜有音乐表演空间的银座来说，索尼公园的音乐会无疑也成了一个"意外"。它的存在让一些不常来银座的人通过音乐和艺术与这个区域产生联系，也让一些只是来"血拼"或办公的人感受到一丝不属于这个商业场域的新鲜气息。

开业之初，变身轮滑场的地下二层

2019 年 4 月至 5 月间，在地下二层及地下三层举行的"食行城市创意展"（eatrip city creatures）展览活动

公园，也是索尼的一个产品

建一座银座从来没有过的公园，为街区引进全新的活力，站在公益的角度来看，一切都很美好。但索尼不是公益机构或政府部门，一个没有索尼专营店或办公区域、不设围栏、完全免费开放的索尼公园，听上去像一笔"赔本的买卖"。

面对这一疑惑，作为索尼首席品牌官的永野大辅特别直白地说道："公园虽然不赚钱，但有话题，有话题就有广告价值。"在他看来，索尼公园更像一件标着"索尼造"的产品，是消费者感知品牌的媒介之一。

"我们也参观学习了很多建筑师的作品，但如果我们请隈研吾或安藤忠雄来设计新大楼，那这个大楼就不是索尼大楼，而会是隈研吾或安藤忠雄的大楼，它会变成模仿别人的一个东西，我们不能这样做。"

由他负责的这座索尼公园虽然没有索尼的专卖店，但其中处处渗透着索尼的品牌，潜移默化中透露着强势。索尼大厦被"有创意地拆除"，保留了很多原建筑的痕迹。比如，原大楼顶上巨大的"SONY"灯箱被安装在一个天井中，地下二层的一面墙因为颜色漂亮也被保留了下来。"我们就像考古学家一样，拿着一把小刷子、小铲子，以这种心情去拆这栋楼。"永野大辅边比画边说道。

安装在索尼公园的原索尼大厦楼顶的标识灯箱

另外，永野大辅强调，目前索尼公园内的六家店铺的经营形式和内容都与其在别处的店铺不同，这是索尼与他们合作提出的首要前提。以开在日本青山的米其林一星餐饮店 MIMOSA GINZA 为例，他们在索尼公园开设的并非餐厅，而是茶饮店。"如果是一样的店，消费者去青山店也可以。"永野大辅说，"因为这里是公园，所以店铺一定要符合公园的气质，人们不会在公园里用刀叉吃西餐。"

索尼与所有入驻索尼公园的店铺都不是场地提供商和场地租赁方的关系。为保证透过公园传达出索尼的品牌理念和价值，索尼会参与店铺的概念规划、装潢，甚至菜单设计等各个方面，从某种程度上来说，他们和入驻品牌是店铺的共同经营者。

目前，索尼公园正在重新进行整体设计，它将变成什么样子尚处于"敬请期待"的状态，目前能知道的就是，它依然会是一座垂直立体的公园。"索尼公园不会是一个商业设施。商业设施是为入驻品牌设计的'盒子'，但公园不是，索尼公园首先是一个公园。" 这是永野大辅对这座公园的未来规划能给出的唯一的明确答复。

空间也是生产机器，能生产商业价值和社会关系。银座没有公园，作为企业在此的重要展示，索尼公园确实为人们带来了令人耳目一新的索尼形象——

一个活泼、艺术、开放、充满不确定性和可能性的企业形象，这在一定程度上丰富了索尼的品牌内涵，而即便放在城市街区改造中，它也不失为一个成功的案例。

开业至今，索尼公园已有 300 万人次的造访量，根据索尼的调查，他们多数是到那里休息的。城市街区如一段段乐章，其活力来自旋律的张弛有度，而这座公园无疑为拥挤、繁忙的银座画上了一个短暂却珍贵的休止符，人们可能只是在此稍做停留，但这个闹中取静的片刻也足够令人印象深刻了。这大概就是永野大辅说的"广告价值"。

对索尼而言，银座索尼公园象征着该公司迎来了一个新时代，是索尼精神的体现。目前索尼公园作为一个过渡性的项目，将维持现状直至因疫情而延迟的东京奥运会结束，之后，一个新的索尼大厦将在原址重建。

但索尼表示，"开放性公共空间"的理念将延续，他们将如何在居民、游客和公司之间找到平衡，如何让索尼公园成为一个能与当地社区一同发展成长的空间，这是索尼将要面对的挑战，也是值得我们引首以望的未来。

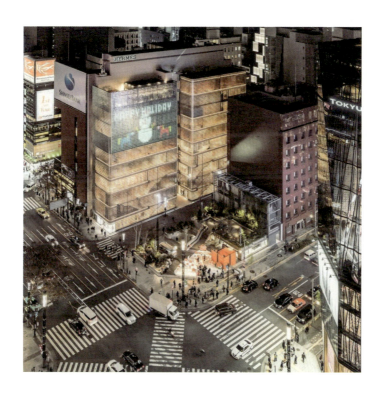

张立宪

人称老六，《读库》创始人。

做书是一门身在泥泞、仰望星空的生意，它需要符合现代商业规则，但其中的使命感和成就感又是难以取代的。如果你也有一个看似不符合时代潮流的事业梦想，请看这份关于如何经营它（和自己）的提案。

做书这门生意

非虚构的意义

很多人都听说过《读库》，也有不少人被它精致简洁的设计吸引，或多或少地买过，不过说到真心喜欢读、本本读，相信人数要再打不少折扣，至于原因，可能是它并不那么好读。

"非虚构"，光是这几个字就拒绝了不少人，老六还在有意无意地加剧这种别扭和不好读。他认为书承载的使命决定了它要挑战读者的阅读底线，并美其名曰：

> "总是读喜闻乐见的东西，这个人的营养结构是不合理的，他需要去读一点儿对他来说很吃力、踮着脚才够得着的东西。"

这颇有点儿逆时代潮流而动的意思，毕竟前有收视率，后有"10万+"，多数人都在被数据追着跑，忙于迎合读者的阅读喜好。"我们平时被销售榜牵着鼻子走的时候太多了。我觉得出版最大的意义就在于有一些书明知道它不会那么火爆，甚至赔钱，你还敢出。"

但这样"别扭"的《读库》竟然卖得不错，甚至不小心成了畅销书。老六曾透露，他们卖得最好的一本书的销量几乎相当于另外 150 本书的总和。大家的第一反应自然是："哪本？"老六说："不要有这个分别心。一本书可能卖得很少，但是它如果是你的菜那就是你的菜，对吧？"

《读库》老客户的订阅和回购数据一直不错，难怪在读库的淘宝店首页自信地写着一句"恭喜你摸进了一家要花很多钱的店"。

不过，"你该读一读这样的书"是不是另一种精英意识呢？

《读库》几乎每年都做读者见面会，且风格各不相同，有一人一舞台的朴素版，也有请来圈内好友白岩松、柴静等名人的豪华版。在一次见面会上，有读者说别的小孩都读"中国小学生必读书"，而他家孩子只喜欢《冰与火之歌》，和其他小朋友没有共同语言，很孤独。老六的回答是，体会到这种问题就是最了不起的体验。"'我在读这么高级的书'，你可以有这种心理优势；你也可以觉得'不行，这样会失去我的同学'。做选择的过程中能够休会到这种困境，这就是阅读的好处。"同样，他还告诉介意女儿只喜欢"甜腻腻的公主"的"文青"妈妈也不用担心，"让她来面对这种选择或者困境，然后自己做出决定。怎样选择都没关系，以后她自己会再校准"。

困境和选择是他反复提及的词。《读库》专注于非虚构类作品，一方面是因为老六自认为这是其能力所在，另一方面也因为他认为非虚构作品能让人在面临困境的时候找到精神支柱，更能带来由己及人的同理心。

老六之前参加了窦文涛的一期《圆桌派》，当期的话题是职场。提到心比天高、命比纸薄，不自量力的年轻人时，嘉宾们难免有些过来人的居高临下，老六却能理解那种想要改变命运的躁动不安。他提到《读库》曾有一篇文章叫《非走不可的弯路》，是一位三本学校的老师写他的学生的——传统社会意义上起点不高的一群人。我未必认同你，但我理解你，也许这就是非虚构作品最大的意义和人情。可能这也是为什么虽然《读库》强调的并非功利性阅读，但谈到一些"坏人坏事"，老六总是把"那书不是白读了吗"挂在嘴边的原因。

吴念真曾说自己平生最不喜欢的就是知识分子，其实那更多的是对不问人间疾苦的精英主义和"象牙塔"的反对，而在某种程度上，非虚构内容正是知识分子与社会现实之间对话、产生共鸣的桥梁。

关于做书这门生意

和出版理念一样执着的是《读库》的设计，多年不动如山，只在前不久经历了一次改版，但你若把它定义为"简单设计"，老六可是不乐意的。在他看来，那只是设计理念稳定，背后是下了极大功夫的——字体、字号的空间感对比，

左图为新版设计，右图为旧版设计

颜色之间的匹配，颜色和材质之间的匹配，图片印在不同的纸上，甚至用不同的印刷机所达到的特定效果。"在这方面我相信我们没有愧对读者，也没有轻慢这些作品。"

一直强调"不抒情",但为了拥抱商业仍去读了长江商学院的老六,在很多时候和普通生意人始终不一样。可能究其根本,以书为生意,是生意,也不是生意。

2012 年,因为北京的一场大雨,读库的仓库被淹。对于本身利润较低的出版业来说,库存的重要性不言而喻。当时读库一半的库存(包括纸等)都被这场雨冲走了,虽然老六一直声称"那会儿心里从来没有慌过,我知道我们不会垮的",但是很多读者出于关心,开始八方支援,突击下单。老六一边忙着料理仓库的事宜,一边号召大家不要突击买书,因为对他来说,"自己选的事业,做了又要委屈兮兮的,那纯属就是事儿太多了"。而这场暴雨给他最大的发现是——"原来房子可以抵押"。

十几年的品牌影响力积累下来,除了收到很多来自读者的善意,读库也不时面临资本的诱惑、机会的诱惑。例如,某个旅游景点曾想找读库做旅游画册,这显然是一个易复制的赚钱模式,但最后老六选择不做。

"这并不是说我有多清高,不存在的,我们也需要钱。我怕的是甲乙方之间那种不对等的关系。一个外行对你指手画脚,最后做完了你不满意,他也不满意。所以,我们其实不是拒绝做这种书,而是拒绝这种合作的方式。我们现在做的书基本上都是我们自己能说了算的。

我 36 岁开始做读库。36 岁和 26 岁最大的不同是知道自己的时间是有限的，知道自己不可能什么都做，所以我一直在做的就是分配我的时间和精力。不要说开书店了，很多书我们都不敢去做，比如，小说我从来不敢做，因为我知道我没有文学基因。"

有所为有所不为的另一面是充分的执着和激情。"如果一本书你自己都不爱看，怎么可能让读者喜闻乐见？这本书对我们来说就是如果再不出，感觉就要出人命了，它让我们愿意为它付出，愿意为它承担风险。"

对于出了名的要求高、规则多的日本品牌 MUJI，老六用谈恋爱和结婚来比喻与他们的合作，是典型的合作前严格考验，合作后亲密无间。如果你留意就会发现一个有趣的规律：两个"难搞"的品牌往往能合作得特别密切和轻松。

因为写书对很多人（如建筑师）来说属于投入产出比偏低的事情，老六曾经写文抱怨有很多好的内容无法出版，但可喜的是，读库陆续出版了很多好看、易读的建筑类书籍。

笔记本可能是读库最重要的周边产品，笔记本里的各种插图来自吴冠中、丰子恺、竹久梦二、老树，等等。

读库生了个读小库，但仍然不考虑电子化

读库在 2016 年开启了专攻童书的读小库，同时也看到了这个行业的变化。几年前通过书展或版权代理公司购买童书版权，基本上都是一两千或两三千美元一本，而这两年价格上升到了五千甚至一万美元以上，简单来说，这是因为加入这个市场的同行多起来了。

读小库的图书大部分在东莞、广州生产制作，很多工厂本身就是外文原版童书的承印商，有着天然的印刷优势。渐渐地，除了引进版权，读库也开始组织国内的插画家和作者团队，准备做一些"一方水土一方人"的原创童书。为什么做童书？除了读者渐渐为人父母后带来的自然需求，某期《读库》中，作家毕飞宇在访谈里说的一个观点也许也说明了原因："一个人 17 岁之前的阅读经验决定了这个人的基本人格、基本世界观，之后再读就没用了，那不是你自己的东西了，是你借来的东西。""所以童年和少年对一个人的影响是巨大的。你对自然的认识、对人的认识、对语言和语言美学的认识，这些东西如果都植入你的身体内部的话，它总有一天会呼风唤雨。"

如果说读小库是读库终于迈出去的一步，那么电子化则是始终没有迈出去的那一步。因为老六迷恋纸质的触感吗？并不是，他只是单纯地不喜欢电子书那种大卖场的感觉，用老六的话说："我们好不容易才从传统的图书销售版图中独立出来，自成天地。"而且，电子书的模式变化太快了，"今年你开

发这个可能需要 30 万，到后年它就变成了用傻瓜软件免费下载、自动生成的了，但是古登堡的现代印刷术 600 多年来几乎没有变化"。

张立宪

———

"

如果一本书你自己都不爱看，

怎么可能让读者喜闻乐见？

这本书对我们来说就是如果再不出，

感觉就要出人命了，

它让我们愿意为它付出，

愿意为它承担风险。

"

2015 年 12 月，读库 200 个品种入驻上海 MUJI 旗舰店，并在日本多个城市以及巴黎的 MUJI BOOKS 有专柜销售。

读库是我做得最好的一件事

作为创始人，老六现在对读库的"去老六化"已经不那么在意了。读库团队现在大概有 60 人，"80 后"居多，"90 后"有后来居上之势。

这个团队对做书有着一致的热情，但也同样存在着整个文化产业都有的无解难题，老六将其归纳为"分歧一旦产生，彼此很难说服"。这个行业最辛苦之处在他看来不是要做客服，也不是加班，而是这是一个没有标准答案的行业。因此老六跟团队分享过，"什么时候你觉得应该离开读库了，就是交给你做的书你都不喜欢，而你想做的书都不让做的时候。这里头没有谁对谁错，就是基因不相容"。

虽然一直对煽情保持着警惕，但一个喝多了会念着老电影台词"你带来欢笑，我有幸得到"和别人拥抱的人，谈到心目中的美好生活时，怎么可能真的不抒情？

"图书这个行业有它的特殊性，就是精神附加值特别高。一本书如果真的特别好的话，你花了钱，还要向作者鞠躬，说谢谢。我记得岩波书店的老板岩波茂雄先生说过一句话，大意是，如果你做的事情真的对这个世界有好处、有意义的话，那么你得到经济回报是必然的，它是符合商业规律的，也是符合人性的。"

"从 36 岁到 49 岁，这 13 年就是我人生中最好的一段时间，读库是我做得最好的一件事。我干着自己喜欢的事情，交往的人彼此有起码的尊重和信任，虽然充满了计算，但是没有那么多的算计，而且也能养活自己。我跟别人吹起牛来并不心虚，推送给别人一本书，我也不心虚。我想以后我的女儿也会为我的工作感到自豪。这个行业是有它的魅力的。"

图书在版编目（CIP）数据

提案者 / TOPYS 编著 . — 桂林 : 广西师范大学出版社，
2021.8

ISBN 978-7-5598-3741-7

Ⅰ . ①提… Ⅱ . ① T… Ⅲ . ①艺术家–访问记–世界–现代
Ⅳ . ① K815.7

中国版本图书馆 CIP 数据核字 (2021) 第 083770 号

提案者
TI´ANZHE

责任编辑：冯晓旭
助理编辑：孙世阳
装帧设计：陈思霖　张渝冰　吴　迪
广西师范大学出版社出版发行

（广西桂林市五里店路 9 号　　　邮政编码：541004）
网址：http://www.bbtpress.com

出版人：黄轩庄
全国新华书店经销
销售热线：021-65200318　021-31260822-898
恒美印务（广州）有限公司印刷
（广州市南沙区环市大道南路 334 号　　邮政编码：511458）

开本：890mm × 1 240mm　　　　1/32
印张：10.75　　　　　　　字数：180 千字
2021 年 8 月第 1 版　　　　2021 年 8 月第 1 次印刷
定价：88.00 元

如发现印装质量问题，影响阅读，请与出版社发行部门联系调换。